U0895148

2012年度教育部人文社会科学项目
《“公共治理”视域下的微博参与社会治理研究》
（12YJC860005）的成果

陈世华 著

微博参与社会治理研究

中国社会科学出版社

图书在版编目（CIP）数据

微博参与社会治理研究/陈世华著．—北京：中国社会科学出版社，2016.6

ISBN 978-7-5161-9017-3

Ⅰ.①微… Ⅱ.①陈… Ⅲ.①互联网络—应用—社会管理—研究—中国 Ⅳ.①D63

中国版本图书馆 CIP 数据核字（2016）第 237640 号

出 版 人 赵剑英
选题策划 郭晓鸿
责任编辑 武兴芳
责任校对 季 静
责任印制 戴 宽

出 版 中国社会科学出版社
社 址 北京鼓楼西大街甲 158 号
邮 编 100720
网 址 http://www.csspw.cn
发 行 部 010-84083685
门 市 部 010-84029450
经 销 新华书店及其他书店

印 刷 北京明恒达印务有限公司
装 订 廊坊市广阳区广增装订厂
版 次 2016 年 6 月第 1 版
印 次 2016 年 6 月第 1 次印刷

开 本 710×1000 1/16
印 张 13.25
插 页 2
字 数 203 千字
定 价 50.00 元

凡购买中国社会科学出版社图书，如有质量问题请与本社营销中心联系调换
电话：010-84083683

目　　录

序

脍炙人口的《荀子·劝学》有一段广为人知的话："登高而招，臂非加长也，而见者远；顺风而呼，声非加疾也，而闻者彰。假舆马者，非利足也，而致千里；假舟楫者，非能水也，而绝江河。君子生非异也，善假于物也。"借助于登高，可以使远处的人看清自己的形象；借助于顺风，可以使自己的声音变得更加清晰响亮。作者在这里的目的是想说明借助外物的重要性，不过从传播学的角度来看，还会有更有趣的发现，它实际上涉及远距离传播形象与声音的问题。在现在看来，人类借助于广播和电视，把异地传播声音和图像的效果发挥到了极致。同时除了传播信息以外，我们还可以借助于包括广播电视在内的大众媒介引导舆论，推动工作。

大众传播的这个特点在早年的中央苏区表现得更为典型。在《红色中华》创办的初期，苏维埃中央政府就在很大程度上把它当成一个行政管理的工作平台。在该报上刊登各类公文，开展工作指导，进行工作总结。更有趣的是，在《红色中华》第58期上刊登了一份中央工农检察人民委员会的会议通知。会议召开的时间是1933年3月22日，草拟通知的时间是3月3日。此外，《红色中华》第161期第4版刊登了《中共中央关于苏区五一劳动节的决定》，内容是关于1934年"五一"节期间，苏区党组织的活动安排。该决定的后面加了个这样的附注："此决定在红中发表外不再另印发，各级党部即根据此讨论执行。"可见，作为工作平台的《红色中华》已经被使用得非常纯熟。

陈世华博士的新著《微博参与社会治理研究》旨在探讨微博参与社会

治理的可能性与必要性。所谓微博参与社会治理，其实就是借助于微博的传播平台进行社会治理，也是“善假于物也”的一个例证。如前所述，苏区党组织与苏维埃政府实际上就借助了《红色中华》等报刊进行社会管理。也就是说在我们的新闻观念与新闻实践中，借助于新闻媒介进行社会管理一直是我们的一个绵延至今的传统。为什么要在今天特别提出微博参与社会治理的命题呢？这是我们首先面临的一个疑问。简单地说，在今天突出强调借助于微博的手段与技术治理社会，是因为我们已经整体上进入了网络社会。荷兰学者狄杰克在1991年第一次提出网络社会的概念，接着美国学者曼纽尔·卡斯特在自己的论著中大量使用网络社会的概念，描述当代社会的转型。他的《网络社会的崛起》是其《信息时代三部曲：经济、社会与文化》的第一卷，是极为重要的一部分。在该书的结论处，卡斯特指出：我们对信息社会结构的探讨已经得出了一个综合性的结论，时至今日，作为一种历史趋势，信息时代的主导性功能与进程正日益紧密地与网络结合起来。网络建构了崭新的社会形态。而在现实世界中，网络化逻辑的扩展已改变了生产、经验、权力和文化进程中的操作与结果。尽管社会组织的网络形式已经存在于其他时空形态之中，但新型的信息技术范式却为其无孔不入地渗入整个社会结构提供了物质基础。由于呈现在我们面前的这个网络社会具有这样一些表征，因此为政者借助于微博平台进行社会治理，可以说是一种因势利导、趁势而上的选择。

关于这一点，《微博参与社会治理研究》给出的解释更为具体与直接。它主要是从社会环境、治理转型、政治观念、微博发展等多个方面展开论述，把前因后果、来龙去脉交代得很清楚；而且该书还从监测环境、政务公开、吸纳民智、舆情引导、接受监督、树立形象等角度，研究了微博在参与社会治理过程中可承担的职责和可发挥的功效，这不仅使本书的基本逻辑与核心论述更显熨帖与缜密，而且从侧面回答了为什么要在今天特别提出微博参与社会治理的问题。由此，我们还可以得出一个这样的结论：引进微博参与社会治理相较于借助传统媒体，在引导舆论、推动工作上，内涵更为丰盈，运作也更为便捷，尤其是在百姓和政府的沟通、互动方面，表现出了更多的优势。

此外，作者在本书中还梳理了微博参与社会治理的现行实践，剖析了其中存在的现实问题，并提出了应对的思路与方略。整个研究的框架合理，眉目清晰，学理充分，立论稳妥，是我见过的相关研究中较为全面与深入的成果。

世华博士是我供职学院的诸多青年才俊之一，以他完备的学术训练和敏捷的才思，向学术界贡献出现在这般模样的《微博参与社会治理研究》，我一点也不惊讶。作为一名对他有较多了解的同事，我还期待着他凝心聚力，不断推出自己的新发现、新收获。

陈信凌教授、博士生导师

南昌大学　新闻与传播学院院长

2015 年 9 月 23 日

第一章

微博概览

互联网技术与移动通信网络日趋成熟和个人的传播欲望推动了微博的兴起和流行。微博是一个典型的自媒体。微博可以自由选择关注的人和内容，自主决定信息发布的内容、形式、时间和地点，信息传播更加方便快捷，传播效率明显提升，满足了微博用户多样化的信息需求和发布习惯，进一步突破了时空限制，成为自媒体的典范。从传播方式上来讲，微博通过在互联网中建立的虚拟社区关系进行人际传播并转换为多级传播和大众传播。从传播内容上来讲，微博对内容长度进行限制，微博在降低传播者门槛，提升传播效率的同时，也导致了碎片化、浅阅读的问题。微博的出现不仅带来了互联网技术史上的革命，而且进一步影响了人们的信息传播和社会交往方式，拉动了网络经济的发展，推动了新闻报道的重塑、舆论的重组，推动了社会政治进程，推进了社会变革和人类社会的进步；但也导致了人们思考和阅读能力的退化，负面影响同样不容低估。在国外，Twitter 是最早和最具影响力的微博；在中国，以新浪微博为代表的微博社会影响力不断增强，与传统媒体联系更加紧密，并且受到了政府和官方的认可，微博在各行各业逐渐普及，成为人们日常生活的一部分。微博的关注、发布、转发和评论等四种功能构成了微博的基本传播机制。微博作为一种全新的新媒体传播工具，体现出低门槛和便捷性、互动性和单向性、自主性和个性化、迷你化和碎片化、圈群化和部落化、去中心化和再中心化、裂变性和爆破性等传播特性。微博以其低门槛、简便、快捷、互动、海量的传播特性，在政治、经济、社会文化等方面有广泛的运用，展现了巨大的商业价值、政治功能和社会价值。微博正在改变世界，也正在改变中国。

第一节　微博的兴起和发展

一　微博的定义

微博，英文是 microblog，即微型博客，微博是其简称，在中国也因谐音被称为“围脖”。根据百度百科的定义，微博即一句话博客，是在互联网社交网络平台上基于用户关系，通过关注机制获取、分享和传播简短实时信息的工具和社交网络平台。用户可以通过网页、WAP、短信以及各种客户端组建个人社区，以 140 字左右的文字更新信息，并实现即时分享①。李开复在《微博：改变一切》中称“微博是每次发布都不超过 140 个字的微型博客，是表达自己、传播思想、吸引关注、与人交流的最快和最方便的网络传播平台”②。中国人民大学新闻学院喻国明教授认为，微博是一种蕴含巨大能量的新型传播形态，其核心理念是“信息的即时性、共享性以及基于即时、共享信息形成的动态信息传播网络”③。

微博是基于互联网 Web2.0 和 Web3.0 技术的一种互联网应用，通过虚拟的网络关系、“背对脸”的信息获取和广播式传播方式以及短小的 140 个字符以内的传播内容达到实时传播、获取信息、人际交往等传播目的。微博客具备 4A 的元素（Anytime、Anywhere、Anyone、Anything），任何用户可以在任何时候、任何地方，通过电脑、手机等通信设备上的多种应用，如短信、QQ、MSN、Gtalk、E－mail、网页等方式向个人微博平台发布文本消息及图片、影音、视频等多媒体内容，以展示个人最新动态和信息，其“跟随者”（followers）能在自己的主页上及时看到该博主的信息并

① 百度百科“微博词条”。

② 李开复：《微博：改变一切》，上海财经大学出版社 2011 年版，第 1 页。

③ 喻国明：《微博：一种蕴含巨大能量的新型传播形态》，《新闻与写作》2010 年第 2 期。

进行评论和转发。

从性质上来讲，微博是一个典型的自媒体。“自媒体”（We media）的概念最早是由美国学者山谢因·波曼（Shayne Bowman）和克里斯·威理斯（Chris Willis）在《自媒体：受众如何塑造未来的新闻信息》一文中提出的，他们认为自媒体就是“普通公众利用数字技术，贡献和参与探寻他们自己的真相和新闻的方式”①。微博是每个人自由进行信息获取和发布的工具。在微博上，人们自主决定所要关注的人和内容，自主决定信息发布的内容、形式、时间和地点，信息传播更加方便快捷，传播效率明显提升，个性鲜明，满足了微博用户多样化的信息需求和发布习惯，进一步突破了时空限制，成为自媒体的典范。

从传播方式上来讲，微博通过在互联网中建立的虚拟社区关系进行人际传播并转换为多级传播和大众传播。但是，微博采取的是“背对脸”（follow）式的连接关系，信息获取和传播是单向的，即在自己的微博网页上只能看到自己关注的人的微博内容，而无法看到未关注者的内容。在信息发布中，虽然是完全公开的，但并非真正意义上的大众传播；微博内容虽然会出现在互联网这个公开平台上，但只会出现于粉丝的微博页面上：所以微博信息是以半广播的方式进行实时传播。但是，微博的关注和转发更加自由随意，无须征得微博博主的同意，这也使微博传播突破了人为限制，进而使微博的影响力无法低估，也难以衡量。

从传播内容上来讲，“微博区别于传统博客最大的特点就是对于内容长度的限制，微博要求用户所发信息不能超过 140 个字符”②，区别于博客和社交网络网站。这在降低传播者门槛、提升传播效率的同时，也导致了碎片化、浅阅读的弊端。微博的出现不仅带来了互联网技术史上的革命，而且进一步影响了人们的信息传播和社会交往方式，拉动了网络经济的发展，推动了新闻报道的重塑、舆论的重组，推动了社会政治进程，推进了社会变革和人类社会的进步；但也导致了人们思考和阅读能力的退化，负

① Shayne Bowman and Chris Willis, “We Media: How audiences are shaping the future of news and information”. *The Media Center at American Press Institute*, 2003.

② 张琳：《我国微博的发展研究》，硕士学位论文，江西财经大学，2012 年。

面影响同样不容低估。

二　微博的产生和流行的原因

1. 外因：互联网技术与移动通信网络日趋成熟

计算机的普及为微博的兴起准备了物质基础。随着计算机、手机技术的发展，在摩尔定律的作用下，计算机、手机更新换代迅速，成本急剧下降，拥有计算机和智能手机的门槛越来越低，越来越多的人能够承担购买计算机、手机的费用，而且随着网络基础设施的建设和完善，网络资费日益下降，越来越多的人能够接触和使用互联网，这也使微博巨大的用户群和高普及率成为可能。

网络技术的发展为微博的诞生奠定了技术基础。微博是互联网 Web2.0 新兴起的网络应用。Web2.0 是用户主动参与互联网内容的生产、发布和互动的网络技术。Web1.0 技术是用户通过浏览器获取信息，其典型代表是门户网站，但无法进行自主信息生产，缺乏信息发布渠道，难以和信息发布者互动。在 Web2.0 时代，旧有的被组织传播者垄断的传播模式被打破，每一个个体用户既是信息的接收者，也可以成为发布者、传播者；用户既是网络内容的浏览者，也是网络内容的生产者和发布者。微博更是进一步将 Web2.0 所倡导的“开放、互动、分享”的精神发挥到了极致。比“博客更简短的内容表达、一键转发与分享、广播式的公开发布平台、扩散的链式社交网络等传播特性让微博很快征服了网民的心”①，逐渐成为互联网上极受欢迎的应用之一。

与此同时，移动通信技术的迅速成熟催生了大量手机网民。随着 2009 年第三代移动通信技术（3G）网络的问世和日益普及，网络速率不断提升，网络资费不断下降，网民能够随时随地使用手机、个人平板电脑（pad）等网络终端接入互联网，使用互联网更加方便。借助于随身携带的智能手机，公众可以随时访问微博，手机会比电脑有着更好的阅读体验。智能手机在即兴原创内容方面具有独特优势，人们可以随时随地使用手机书写文字，拍摄

① 阮璞：《传者视角下的微博用户研究》，硕士学位论文，华中农业大学，2012 年。

照片，录制视频，分享个人生活点滴和所思所想，发布信息和动态。微博在互联网技术、移动通信技术的进步中逐渐兴起。

2. 内因：个人的传播欲望助推微博崛起

麦克卢汉提出“媒介即讯息”，认为每一种新的媒介技术的出现都会带来传播行业的变革，改变人与人之间的关系，并创造出新的社会形态和行为类型。随着经济社会的发展和政治环境的日益宽松，人们生活水平日益提升，公民文化素质不断提升，自主意识逐步增强，越来越多的人需要通过传播渠道表达自己的愿望和诉求，而网络为公众提供了表达诉求和情感的便捷渠道。无处不在的互联网技术使得人们随时随地的交流成为现实，网络成为人们社交生活中不可或缺的一部分。

互联网技术廉价、便捷、匿名等传播特征，也引发更多的精神和信息需求，人们的表达欲望和交往需求转移到互联网中。在互联网的虚拟社区中，网民们发布心情文字、上传照片、分享视频、讨论公共话题等。面对网络上海量的资讯，人们的信息需求日益强烈；个性化的张扬让“人们希望依照自身需求自主选择关注的人和事，搜寻对于自己来说真正有价值的信息”[①]；快节奏的生活让人们青睐简练明了的信息；多元的利益诉求让焦虑的人们迫切需要发泄、倾诉的渠道，发布信息，展现自我。博客长篇大论的信息发布和互动的模式已不能满足网民对信息的快速发布和获取需求。网民们期待着更简洁、更易操作、更方便、能够随时随地进行交流的网络沟通工具，微博正好迎合了人们这种新的信息需求。人类的传播欲在 Web2.0 时代得到充分满足。三言两语，现场记录，发发感慨，晒晒心情，相比传统博客的长篇大论，微博的 140 个字限制催生了少写多发的发布习惯，这更符合现代人的生活。

三　微博的发展历程

1. 国外

微博起源于美国。2006 年 3 月，博客技术先驱伊凡·威廉姆斯（Evan

---

① 阮璞：《传者视角下的微博用户研究》，硕士学位论文，华中农业大学，2012 年。

Williams）创建的 Abvious 公司推出了 Twitter 服务。Twitter 的英文意思是形容鸟叽叽喳喳的叫声，也可以用来形容人说话议论时的声音。Twitter 的意义也契合人们在网络上随时传播自己所思所想、发布只言片语的特征。Twitter 规定每条信息内容都不能超过 140 个字符，从而与社交网站和传统的博客相区分开来，使用户能够随时随地、不假思索地用微博发布当时的言行举止和所思所想，这也决定了微博独特的简单便捷的传播方式，并成为大多数微博的统一标准。在诞生之初，Twitter 是第一个带有社交网络的微型博客服务。用户可以经由手机短信（SMS）、即时通信、电子邮件、Twitter 网站或 Twitter 用户端软件输入最多 140 字的文字更新。Twitter 诞生之后，用户数每年都在剧增，并成为当今世界上最优秀和最著名的微博网站，截至 2011 年年底，用户数量达到 2.5 亿，至 2014 年 6 月 30 日，月平均活跃用户数量为 2.71 亿。Twitter CEO 迪克·科斯特洛（Dick Costolo）表示，虽然 Twitter 的用户只有 2.71 亿，但其真实规模是这一数字的 2 至 3 倍，原因是有很多人访问 Twitter. com 时并没有登录，而且有很多人都能用电脑电视或其他网站看到 Twitter 消息。

在其他国家，也有一些类似的微博服务。2006 年 2 月，芬兰出现了 Jaiku。和 Twitter 一样，Jaiku 也是一个微型博客，Jaiku 兼容手机和电脑，用户可以通过电脑和手机客户端发布 Jaiku 信息。Jaiku 与 Twitter 的最大区别是其“人生转播”功能，能将用户的多种网络活动纪录整合起来，例如相册、音乐及用户位置信息。2007 年 10 月，Jaiku 被 Google 收购。

在加拿大，一个称为 A-team 的组织于 2008 年 5 月 12 日推出了 Plurk，中文名称为噗浪，这是一个基于时间轴、多种语言支持、提供可视化微博客服务的社交网站，类似于 Twitter，但其最大的特色就是在一条时间轴上可以显示自己与好友的所有消息。同时，“和 Twitter 的@回复不同的是，在 Plurk 中，对某一条消息的回复都是属于该条消息而不是独立的”[①]。Plurk 在中国香港、澳门、台湾地区相当流行。

以 Twitter 为代表的微博，最初只是一个人与人之间交流沟通的信息

---

① 张琳：《我国微博的发展研究》，硕士学位论文，江西财经大学，2012 年。

平台，但随着微博技术的不断发展，微博的功能日益强大，服务内容不断丰富，影响力不断扩大，微博不再仅仅是一个信息获取和发布的工具，而且对整个社会的政治、经济、文化产生了重大和深远的影响。在2008年美国总统大选的时候，奥巴马的Twitter账户就在获取选民支持、资金募集、形象塑造等方面起到了至关重要的作用，因此奥巴马也被称为“网络总统”；2009年5月，美国宇航员麦克·马西米诺（Mike Massimino）在维修“哈勃”太空望远镜的时候，在第一时间内通过Twitter从太空上发回讯息；2009年伊朗大选的时候，Twitter成为反对派与外界沟通和联系的唯一渠道；2009年6月25日，摇滚天王迈克·杰克逊突然辞世的消息在Twitter上传后，短短一个小时内Twitter上就出现了65000多条相关留言。“2009年7月，印尼雅加达酒店发生大爆炸，经历者在第一时间通过Twitter更新状态，成为全世界第一个报道该爆炸案的消息源”。微博的影响力可见一斑。

2. 国内

Twitter在西方社会的迅速发展引起了国人的注意，国内的IT精英敏锐地意识到国内网民对于微博的巨大需求，并积极借鉴Twitter的经验和模式，创办中国本土的微博服务。国内最早的微博可追溯到2007年的饭否网，以及稍晚的随心微博、叽歪、腾讯的淘淘，但这些早期微博并未受到网民的普遍认可。虽然这些运营商急剧增多，但各自为战，服务缺乏创新，未能形成资金链和盈利模式，更多是玩票性质，所占的市场份额都不大，关注度偏低，影响力不大，微博的价值未被发现。由于饭否和叽歪对内容监管不力，相继被封停。新浪、腾讯、网易、搜狐四大门户网站依托雄厚的经济实力和庞大的用户群纷纷涉猎微博市场，推出微博服务。2009年7月，新浪网推出新浪微博，才真正引起大量网民关注，新浪微博迅速成为我国用户数最多、最受欢迎的微博平台。截至2013年3月，新浪微博注册用户数达到5.03亿，我国成为世界第一微博大国。新浪微博IPO时提供的上市文件显示，在2011年至2013年年底，微博活跃用户分别为7290万、9670万和1.291亿，2015年3月公布的财报显示微博月活跃用户达到1.76亿，年增长达到4700万，同比增长36%，为微博推出以来的最高纪录。此外，微博用户与移动互联网的结合更加紧密，月活跃用户中来自移动终端的比例高达80%。在用户数量增加的同时，微博也在不断向工具化、细分化、开放化方向发展。

第二节　微博的功能与传播要素

一　微博的主要功能

微博从出现至今，功能逐步完善，服务日益丰富。运营商不同，微博功能也略有差异，但其基本功能却只有四种：关注、发布、转发和评论。这四种功能构成了微博的基本传播机制。①

发布（post）功能

用户可以发布简短的文字、图片、外网链接以及视频等，随时随地直播生活、发布信息。

转发（retweet）功能

用户可以将其他用户微博上的内容一键转发到自己的微博上。转发功能是微博上的信息得以多级扩散的基础性功能。在转发过程中，原帖会保留，避免在传播过程中被篡改，转发时还可以加上自己的评论。转发的时候如有自己的评论，还可以勾选“同时评论给原文作者”，以便让原作者看到。

关注（follow）功能

用户可以对任意的其他用户进行一键关注（following），不需要征得被关注者的同意。关注者（follower）俗称“粉丝”，被关注用户的微博动态会即时出现在关注者的微博页面上，关注者会同步知晓被关注者的动态。通过关注功能，微博用户可以实现信息的交换与传播。

评论（cornment）功能：用户可以对任何博友的任意一条微博进行评

① 唐彬文：《浅论微博的基本功能及传播特点》，《无线互联科技》2012年第9期。

论。如果用户勾选“同时转发到我的微博”，该条评论和微博原文将会显示在评论者自己的微博页面上。为了避免恶意攻击，净化微博环境，微博用户还可以对其他人评论其微博的权限进行一定的限制，比如设置只有互相关注的人才能评论或转发。

除此之外，微博还有一些衍生功能，如搜索（search）、私信（chat）、和微群（group Weibo）等。

搜索功能

用户可以两个#号之间，插入某一话题，点击该话题，就自动搜索微博上所有的包含有该话题的相关微博，实现信息的聚合。

私信功能

用户可以点击私信，给新浪微博上任意一个开放了私信端口的用户发送私信。这条私信只被对方看到，实现私密的交流，类似于电子邮件功能。

微群功能

微群就是微博群的简称。微群让志趣相投的博主通过微博更加方便地进行参与和交流。用户可以创建自己的微群，或选择自己感兴趣的微群，微博平台会为微博用户推荐热门微群。在微群发言界面中，参与群组的用户可以互相交流，并且同步发布至微博。

二 微博的传播要素

微博作为一种新媒体传播方式，根据拉斯韦尔传播模式，微博传播过程中同样涉及传播者、受众、传播内容、传播媒介、反馈五个要素。

1. 传播者

传播者是传播过程的主体，是传播行为的发起者。任何一个人都有权通过注册成为微博用户并使用微博。微博中还将有着特定传播者身份的用户与一般身份的传播者进行区分，经过验证后加以标识，“以确保受众在接受传播者的信息时可以辨别信息来源的真伪”[①]，增强实名微博传播者的权威性和公信度。根据传播者的性质，微博传播者一般可以分为组织传播

① 左晓娜：《微博的传播机制及影响力研究》，硕士学位论文，陕西师范大学，2011 年。

者和个人传播者。个人传播者相对来说更加自由活跃，而组织传播者的微博行为则更加规范、稳重，也更具有权威性和公信力。

2. 受众

受众即信宿，是信息的接收者，是传播活动的作用对象。受众并非完全消极被动，相反，可以通过反馈参与传播过程，进而影响传播者和其他公众，所以，受众是传播过程中的第二主体。在传统媒体时代，受众是被动的信息接收者，缺乏反馈渠道，受众很难真正参与信息生产和传播过程。网络传播时代，受众和传播者的角色可以频繁互换，受众生产的内容（User Generated Content，UGC）成为网络内容的重要组成部分。由于微博的交互性，传播者和受众可以随时互相转换角色。用户获取微博信息后，进行转发和评论，又会成为微博信息传播链条中的传播者。微博博主是微博信息的生产者，也是微博信息的接收者。受众和粉丝既是微博内容的接收者，又通过转发和评论成为微博信息的生产者。

3. 传播内容

不同于博客的长篇大论，微博的传播内容短小精悍，限制在 140 字符以内。无数用户创造出多样的微博内容。从内容上来看，微博大致分为三类：第一类是新闻发布类，以时效性的内容为主，起到发布新闻的作用，比如各大媒体的微博；第二类是专业微博，比如某些社会名流、专家学者的微博，主要是介绍和传播专业知识；第三类是普通公众类，主要是记录生活中的经历和体会，大多数普通用户的微博都属于此类。这三类微博并没有严格的划分界限，互相重叠交叉。

4. 传播媒介

微博是网络技术发展的产物，微博对多种技术终端的兼容性极强，计算机、手机、掌上电脑等多种网络终端都可以成为用户使用微博的工具。网络终端的多样化决定了微博使用的多样化。微博的适应性和集成性成为其优势所在，从而使微博成为广大网民所热捧的传播媒介。

5. 反馈

反馈是受众对传播者所传播信息的回应，是受众与传播者围绕信息内容而进行的互动和交流。由于微博的交叉网络传播特性，微博上的反馈是自由、任意和不受约束的，是多层次、多级别的。任何一个关注者甚至任何一个网民都有权利和渠道对微博博主进行反馈。这种反馈的多样性是微博交互性的体现。

三 微博的传播特征

微博作为一种全新的新媒体传播工具，体现了不同于传统媒体和其他互联网传播方式的传播特性。

1. 低门槛和便捷性

互联网降低了人们信息获取、生产、传播、消费的成本，微博的使用门槛更低，可以让人们更加方便快捷地获取和发布信息。无须烦琐的审批和审核，也没有身份、性别、学历、职业等要求。任何一个用户都可以自由注册微博，可以不需要征得任何人的同意去“关注”任何一个微博用户；不需要征得微博博主的许可，就可以查看、转发和评论信息。在信息发布上，一条微博只需要140字左右，操作简单，不需要太高的文化水平，不需要长篇大论，短短几个字就可以完成。随着信息传播技术的日益发展，微博发布渠道更加多元和开放。用户可以通过网页、即时通信工具、手机客户端、手机短信、彩信发布文字消息、上传图片视频，此外还可通过网络端口和第三方软件或插件，实现跨平台全息发布方式，真正实现随时随地接收和发布信息。

2. 互动性和单向性

网络不同于传统媒体的重要特点就在于传者和受众之间可以进行即时频繁的互动。微博上的互动则更加便捷，用户只要登录自己的微博账号，就可以围绕自己感兴趣的事，通过评论、私信和转发等功能与关注的人或粉丝实现即时互动。同时，微博也体现出了单向性的特征。微博是一种“背对脸”的信息传播方式。在微博中关注某个人并不需要像即时通信工具和传统社交网络那样得到对方的许可。微博平台是开放的、自由的，任何人都能在这个平台上自由地浏览信息。但与封闭的朋友圈不一样，在微博上你关注的人可以一直背对着你，不会和你交流，而你也是背对着关注你的人，彼此间的关注大部分是单向的，被关注的人没有义务关注收听者，也没有义务与收听者互动。微博体现出了互动性和单向性并存的传播特性。

3. 自主性和个性化

微博作为自媒体，在身份认证、信息接收和发布上都体现了强烈的自主性和个性化。在身份认证上，微博用户自己决定是否实名，对自己的身份是否隐匿有决定权，管理者、微博平台无权干涉。用户可以自主决定微博的使用方式，他人无权干涉。微博既是接收定制信息的新闻媒体，也是自说自话的自媒体，还是联系老朋友、结交新朋友的社交网站，甚至可以作为营销和发布广告的平台。用户还可以自主选择微博网站开发的各种配套的网络应用。在信息接收中，不像传统媒体的信息推送，微博完全是根据自己的喜欢选择关注的微博博主，而“拉来”（Pull）信息，他人无权干涉和限制。微博也可以屏蔽特定的消息，达到定向阅读的目的，避免被海量信息淹没的危险，省去在信息海洋中“淘宝”的麻烦。在信息的发布中，微博是表达个人观点的重要阵地，用户可以自主决定信息发布的内容和形式。微博基本上不受任何约束，微博没有真正的把关人，用户是自己微博内容的唯一把关人，也是信息的主宰者。个人用户随心所欲地选择关注的人和事，随时随地、无所顾忌地进行评论或互动，生产的内容和形式复杂而多样①。微博匿名和自主发布消息或转发评论的时候毫无顾虑，由此为谣言、非理性、情绪化信息的滋生提供了温床。

4. 迷你化和碎片化

网络时代信息获取和发布的高速便捷，导致了我们信息生产的迷你化和信息消费习惯的碎片化，这种习惯又加剧了网络信息生产和传播方式的碎片化，微博就是这种趋势的产物。微博是传播领域的碎片化、阅读的碎片化、表达的碎片化的典型体现。首先，微博的选题多样化。由于微博没有把关人，没人设置议程，微博的话题纷繁多样，松散破碎，既可以是严肃的公共事务话题，也可以是轻松的私人情感表达，每一条信息都可以自成主题，使得微博话题很难形成一个持久性和深度的讨论。其次，微博表

① 阮璞：《传者视角下的微博用户研究》，硕士学位论文，华中农业大学，2012 年。

达碎片化。从微博的发送特性来看，微博具备4A元素，这就使得博主写作更有随意性，大多是微博博主在特定场景下的零星想法，随时随地发布的简短信息难以形成系统的信息流。最后，微博内容碎片化。因为微博的篇幅限制，用户很难一次性发布完整的信息，需要多次发布。微博的表达方式趋向简洁化、个性化、口语化、碎片化。虽然短、平、快是微博的特点和优点，但140个字也限制了微博信息的广度与深度，使很多微博内容停留于表面，难以深入地摆事实讲道理。微言大义的微博形式比较符合现代人上网浅阅读的习惯，提升了信息传输的速度和效率，但是使得信息在传递过程中可能存在缺失或者不确定性，影响了信息接收者对信息的全面理解，从而造成歧义，导致“浅阅读”的阅读习惯，形成快餐化的文化消费习惯。

5. 圈群化和部落化

麦克卢汉根据传播媒介和工具的变革对人类社会的发展进程进行分类，他指出人类社会经历了口语传播时代的部落化社会到文字传播时代的脱部落化社会，而在电子传播时代，人类社会重新部落化。[①] 在微博中，网络社会的圈群化和部落化体现得更加明显。由于微博特殊的关注机制，微博页面上只显示关注的博主的微博内容，因此微博信息在圈子内进行传播。用户往往会关注熟悉的人，形成朋友圈；用户也会关注不认识的专业人士，但往往是跟自己的专业或者兴趣相关的人，导致微博内容的专业化和狭窄化；用户还可以与微博上志同道合的人建立“微博群”，围绕感兴趣的话题形成不同的“话题圈”，形成新的网络社群。微博特殊的信息关注和分享机制使微博上形成了一个个虚拟的圈子，部落化特征明显。

6. 去中心化和再中心化

微博体现了去中心化的特征。微博上并没有唯一的中心，人人都有发言权，谁都不能垄断话语权。微博上每个微博博主都可以自己发布和获取信息，没有一个人和组织在微博上掌握绝对的权威，不像传统的大众传播

① ［加拿大］马歇尔·麦克卢汉：《理解媒介——论人的延伸》，商务印书馆2000年版，第133页。

媒体拥有全国性的影响，微博上不可能有像中央电视台那样拥有全国性的受众。如果用户不关注，那么微博博主的影响力就毫无意义。微博体现出后现代主义的去中心化、反权威、反理性的基本特征。但是去中心化之后，微博又体现出再中心化的趋势。在去中心化、去权威化的微博实践过程中，每个人成为一个个新的微型中心，每个人的微博都有可能通过多次转发成为新的焦点。微博用户关注点聚集在一些中心点上，就是形成了微博上一个个中心，这就是微博舆论领袖。这些意见领袖的跟随者众多，信息发布频繁，热衷于评论、转发消息，乐于解读媒介信息，成为微博中被高度关注的一群人，他们的言论被粉丝大量转发，会带来极大的反响，成为微博话语权利中心，微博场域呈现去中心化和再中心化交织的特殊景象。

7. 裂变性和爆破性

微博的自由关注和转发的特性，让微博博主和转发者都没有权力和能力决定信息的传播方向。微博的匿名导致了转发和评论毫无顾忌，加剧了转发和评论的随意性。微博的传播是网状链式的裂变式传播，它是一种飞快的微粒运动，在加速度中产生爆破性的效应。微博作为一种“点对面”的社交媒体，经过网友多次评论、转发，“信息的接收者人数呈现几何级增长，产生裂变式传播”的规模效应①，其传播的速度和广度远远高于之前任何一种媒介传播方式。一个人的微博可以被其“粉丝”转发，再被“粉丝”的“粉丝”转发，而后不断蔓延。这种裂变式传播也被称作“病毒式”传播，就像病毒感染一样，一旦出现就四下蔓延，快速复制，在极短的时间内获得最大的传播效果。

第三节　微博的影响和价值

微博改变了世界，改变了我们的生活，微博以其低门槛、简便、快

① 吴韵曦：《构建微博问政长效机制的难点和对策》，《唯实》2012 年第 6 期。

捷、互动、海量的传播特性，在政治、经济、社会、文化等方面有广泛的运用。

一 商业价值

微博的兴起是与其商业价值分不开的。作为科技发展的产物，对利润的追求是微博运营商开发微博的根本动力。微博平台本身是一个巨大的产业，微博上的海量运用吸引了大量的商家、用户和广告商。微博由于准入低门槛的、简便快捷的传播特性、自由自主的信息获取和发布，吸引了大量用户使用和参与，推动运营商不断竞争和开发新的功能，形成了巨大的网民市场，吸引了广告商的目光，成为互联网新的富矿。

微博为企业提供了新的网络营销平台。凭借免费、自由、便捷的传播优势，微博为企业节约了大量的营销成本，“构建了‘微传播、大营销’的新格局”[①]。庞大的受众数量和即时互动的特点使微博成为一个绝好的网络公关和广告营销阵地。在微博上，企业可以与公众更直接、更迅捷地进行有效沟通，了解消费者的需求和偏好。微博的浏览和搜索功能为企业提供了丰富的客户资料、竞争对手动态和其他行业信息，有助于企业及时掌握业界的动态，发展更大的市场，创造更大的利润。微博上具有海量的信息和内容，因而具有广阔的商业应用前景。在大数据盛行的时代，微博上巨大的用户数量和海量的信息内容可以成为企业搜集信息、了解消费习惯、满足市场需求的重要渠道。企业将产品信息直接发布在微博上，既减少了企业的宣传成本，又让信息直达消费者，免去了中介环节，更加贴近受众。由于微博可以随时上传文字、音频、视频，是企业植入广告、发布促销信息的最好载体。微博的交叉网络传播特性，也使其成为口碑传播的圣地，消费者在微博上对产品和服务只言片语的体验和评价是最真实、具有说服力的信息。企业微博的信息发布以及与消费者之间的互动交流，能够树立企业的良好形象，增强吸引力和影响力。微博的数据可以广泛

① 殷俊、何芳：《微博在我国的传播现状及传播特征分析》，《河南大学学报》（社会科学版）2011 年第 3 期。

应用于品牌评价、商业预测、竞争情报收集、消费决策和客户关系管理。微博“使得企业可以以更低的成本和更高的效率及时地与最终顾客直接联系”[①]，做好客户关系管理，巩固既有市场，开辟新的市场，赢得经济和社会效益。

二 政治功能

正如加拿大学者伊尼斯（Harold Innis）所说，传播会有偏向，不同的传播媒介会产生不同的国家形态和政权形态。[②] 互联网对政治体制和实践产生了深远的影响。微博由于交叉网络的传播特性更为深刻地推进了政治变革。这种影响集中体现在政府微博问政和个人利用微博的政治参与。政府微博的兴盛和公众的积极参与丰富了“网络问政”的形式，开启了微博问政的新时代。

微博迅速发展并在政治生活中扮演重要角色。对政府而言，微博改变了传统执政理念和方式，成为电子政务的重要渠道，成为推进政治改革的重要力量。微博已经成为党和政府问政于民、问需于民、问计于民的重要通道，也成为党和政府治国理政的重要资源和平台。政府正在利用微博监测舆情，了解社会动态；利用微博开展政务公开，发布信息，听取民意，问计于民，汇聚民智，凝聚民力，推进决策科学化民主化；利用微博主动接受网民监督；利用微博引导社会舆论，开展社会动员，提升社会管理效率。微博还能提升政府形象，促进政府职能转变，促进官民和谐沟通，提升行政能力，提高执政效率，“增加社会治理的透明度、互动性，提高社会治理水平，健全民主政治，形成健康多元的公共生活”[③]。微博两会、公安微博、微博反腐等的出现证明了微博在政治进程中扮演着重要角色。

对公民而言，微博能够提高公民素质，满足公众知情权，促进公民参与。微博的草根性、互动性、开放性为保障公众的“知情权、参与权、

① 闫幸、常亚平：《微博研究综述》，《情报杂志》2011 年第 9 期。

② ［加拿大］哈罗德·伊尼斯：《传播的偏向》，中国人民大学出版社 2003 年版，第 28 页。

③ 方珊：《说微博》，《玉林师范学院学报》2012 年第 4 期。

表达权、监督权”创造了条件，而这“新四权”正是公民政治参与的基础。微博上的公开、自由、互动的交流，能够培育公共精神，促进公民意识的觉醒，自觉进行政治参与。微博便捷、交互、低廉和易得，加速了信息和知识的自由传播，大大降低了公众获取信息和知识的成本，打破了知识垄断，通过点滴知识的渗透和积累，不断提高公民素质，提升公众政治参与的意识和能力。微博开启了“人人都是参政者”的新阶段。微博降低了政治参与门槛，使其真正成为社会管理的多主体之一。公民利用微博进行民意表达和政治参与已经成为趋势。微博廉价、易得、快捷、互动、即时等优势为公众与政府搭建了双向沟通的桥梁，让公众获得了平等的话语权，成为公众表达民意、参与政治的高效渠道。公众在微博上的信息发布、投诉举报、问题咨询、建言献策、讨论争论都可以“成为政府部门倾听民声、答疑解惑、处理问题的重要来源”①，促进政府决策的科学化民主化。微博由于匿名、自由等特征，能够激发网民的社会正义感，发挥“草根”围观的舆论监督作用，使微博成为制衡和监督权力的重要力量。公众利用微博监督决策制定和实施的整个过程，推动政治运行的公开化、法治化和科学化，并全程监督权力的运行机制，推进政治文明进程。

三　社会功能

对个人用户而言，微博的核心功能就是社交娱乐和自我展示。研究发现，娱乐、社交和自我展示是个人用户微博的常见内容。一方面，人们利用微博关注朋友动态，维护现有的人际网络，朋友关系网络在兴趣分享、互动交流中得到进一步的巩固和加强；另一方面，个人用户通过关注一些新的博主，双方展开不同程度的互动，获取新的信息，也形成了新的社交网络。基于微博共享信息形成的比较稳定的“关注—被关注”关系，微博博主和粉丝之间、粉丝和粉丝之间的互动会形成新的朋友圈子，个人通过微博扩大了交际圈和影响力。娱乐也是个人用户微博的重要功能。微博是

① 刘晶、陈世华：《城乡传播新关系：发展传播学的视角》，《南昌大学学报》（人文社会科学版）2015 年第 2 期。

生动活泼的信息传播平台，拥有文字、图片、视频、音频、动画等多媒体内容。借助于微博这个平台，网页游戏、音乐、电台等应有尽有，丰富了人们的生活。一方面，个人用户通过维护娱乐消遣，放松身心；另一方面，通过分享生活乐事，娱乐他人，丰富网络世界。

微博能够促进自我满足和自我实现。微博利用关注、私信、@对话等方式来进行互动沟通，推动了人与信息的进一步融合。微博网民更多地参与信息产品的创造、分享和传播，得到更多人的转发、评论和肯定，能获得更多的自我认同和价值满足。

微博改变了人际关系的理念和实践。以微博为代表的“弱关系”的地位不断提高，传统亲戚、朋友、同事的封闭的“强关系”有所式微。在微博的“弱关系”中信息来源多元、内容异质，可以吸纳群体智慧微博，“弱关系”成为人际拓展和关系传递的基础。微博的发展为我们带来越来越广阔的“弱关系”网络，发挥社会资本的最大效用。微博产生了人际关系的新局面，出现了“近亲不如远邻”的新范式。

微博还扮演着公共领域的角色，微博为“公众表达利益诉求提供了一个平等、自由的公共话语表达平台”[①]，微博成为公民抨击社会丑恶现象、宣泄不满情绪的话语表达渠道。微博的便捷、个性化、匿名使得公众借助于微博揭露社会阴暗面，发现社会问题和社会矛盾，敦促有关部门“关注公民诉求和迫切需要解决的实质性问题，推动政府权力部门介入”[②]。微博能够广开言路，广集民智，广纳民意，广聚民力，化民怨，解民惑，惠民生，充分引导和动员组织社会各种力量广泛参与社会治理，使社会各方利益充分协调，促进社会建设。

微博能够缓解社会矛盾。“作为舆论传递空间和缓冲地带，微博及其所形成的网络公共领域成为维持社会稳定和发展的安全阀、润滑剂、推进器和加油站”[③]。微博是社会事件的“放大器”和社会情绪的“发泄器”，有助于发现和化解社会矛盾，缓释公众压力，促进和谐社会的建设。微博

---

① 李玲、黄健荣：《论当下中国公共治理中的网络话语表达》，《探索》2010年第4期。

② 林志标：《官员微博的社会治理价值分析》，《宁波工程学院学报》2012年第3期。

③ 陈潭：《网络时代的微博问政》，《南京社会科学》2012年第11期。

上的众声喧哗，促进了社会监督和自律，将不良行为和事件暴露在公众压力之下，维护社会公平正义成为可能。

微博也为社会组织的培育和壮大提供了新的网络平台。微博上交叉互动的传播网络能使志同道合的热心公众“形成利益集体，共享知识和信息，更加主动地参与社会治理”①。社会组织利用微博广泛快捷的优势，培育社会公共意识；社会组织还利用微博的影响力，吸引关注，进行多渠道融资，推动自身发展；进行社会动员，吸纳公众参与。微博也是社会组织参与社会治理的重要工具。微博是社会组织沟通政府与公众的纽带，并使这种沟通更为便捷。社会组织利用微博对公民进行培训和再教育，提高其素质和参与能力。社会组织还利用微博关注和讨论公共事务，汇总不同利益集团的声音和意愿，为政府的决策提供辅助和参考。在公众和政府发生不信任和冲突的时候，社会组织可以利用自身资源和权威性，疏导民情，化解矛盾，凝聚人心。社会组织通过微博为公众提供专业领域内的权威言论，消解公众疑虑，同时以专业的视野为政治决策提供参考，并监督和参与社会治理决策的制订和实施过程。

四　其他具体应用

微博在社会各行各业都有着广泛的应用。在教育行业中，微博加强了师生之间的快速交流和反馈。教师可以利用微博信息资源，发布和转载重要信息，供学生参考；学生可以利用微博接收信息，与教师和其他学生互动，“促进学生主动学习，成为学生课外非正式学习的重要平台。在新闻界，微博正成为记者获得消息的来源”②、探求事实真相和寻找资料的重要宝库，媒体也在利用微博寻找新闻线索，求证新闻真实性，辅助传统的新闻报道渠道，增强报道的时效性，促进传统媒体和新媒体的融合，改变了新闻传播的生态。在社会资本上，微博成为获取和培育社会资本的重要渠道，微博上的沟通和互动可以从他人那里获得有价值的信息，微博的弱关系可以拓展既有朋友圈，加入和建立新的朋友圈，成为重要的社会资源。

---

① 陈世华、韩翠丽：《微博参与社会治理的方方面面》，《中国出版》2012年第10期。

② 闫幸、常亚平：《微博研究综述》，《情报杂志》2011年第9期。

在网络求职上，微博也成为企业发布招聘信息和公众求职的重要途径。在城市研究中，微博上的海量信息可以用于判定特定地区和公众的社会生活方式和行为，促进城市建设和发展。可以说，微博在社会各个层面都有着广泛的应用。

第二章

治理理论的前世今生

治理是过去30年里政治学界、管理学界极为热门的话题之一，也是世界各国政府官员、企业人士和社会活动家经常提到的一个词。“治理”一词频频出现在公众的视野，似乎成为一种时尚和潮流，治理概念对学界和业界的重要性不言而喻。

随着时代的变迁，治理的理念和实践在不断发生变化。过去30年里，世界格局的突变、社会制度的变革、信息技术革命、全球化浪潮、文化冲突和融合等席卷人类社会①，传统的术语又被赋予了新的含义。一千个人有一千个哈姆雷特，一个人也会有一千个治理解释。由于社会制度、经济体制、文化传统、社会问题的差异，治理被赋予了太多的意义。“治理可以指很多事情，它可以是一个流行词、一种时尚、一种框架设计，可以一个联结各学科的、伞状的、描述性的并且模糊的概念，一个空洞的符号”②。很多人对治理期许过高，也造成了一些误解，更是给治理增加了不能承受的负担。我们有必要正本清源，回顾治理的前世今生，还治理以本来面目。在国内学界，毛寿龙、李梅、陈幽泓所著的《西方政府的治道变革》一书是梳理治理理念的代表作，该书较为详细地介绍了社会治理

---

① 朱德米：《网络状公共治理：合作与共治》，《华中师范大学学报》（人文社会科学版）2004年第2期。

② David Levi-Faur, “From Big Government to Big Governance”, Working Paper, July, 2011.

理论在西方的成长过程。另外，借助于政治地位、学界地位和学术成就，中央编译局原副局长俞可平教授在治理理论的引进和介绍方面贡献颇大，其《治理与善治》一书影响深远。

第一节　治理理论产生的背景

治理理论是顺应历史潮流的产物，其产生有着深刻的时代背景。

首先，治理危机呼唤治理理论。

在历史上很长的一段时间内，治理和统治是同义的，可以互换使用。但是进入20世纪后，随着垄断资本主义的迅速发展以及社会革命的此起彼伏，世界范围内的国家、社会、政治都发生了很大的变化。尤其是两次世界大战改变了传统的世界秩序和国际格局。第二次世界大战以后，世界虽然趋于和平，但是和平的表象背后是世界性问题和国内问题的日益复杂化。传统的资本主义国家涌现出了新的政治和社会问题，民族革命运动催生了新的政权形式和社会制度。所有的国家都面临着全新的社会现实。第二次世界大战后，西方发达国家普遍实行了“从摇篮到坟墓”的“福利国家”制度，政府机构日益庞大，社会问题也日益复杂化，而且二者的冲突和不对称日益凸显，凭借政府自身的能力和资源解决社会问题的能力在下降。政府管理社会的手段没能跟上社会现实变革的步伐，西方国家的政府普遍存在职能扩张、机构臃肿、服务低劣、效率低下、财政困难等问题；同时，西方国家“政府日益陷入财政危机、信任危机和权威危机等三重危机并发的境地”①。20世纪70年代西方各国政府纷纷陷入治理危机。时代迫切要求社会管理理念和实践的变革。

治理概念被引入社会管理的直接原因在于政府失灵和市场失灵。长久以来，西方国家一直依赖看得见的手——国家干预和看不见的手——市场机制来治理社会。但是治理危机出现后，传统的治理方式已经跟不

① 逯扬、徐浩豪：《社会主义和谐社会的治理结构》，《湖北社会科学》2006年第1期。

上时代的潮流。在治理危机中，西方国家的社会管理理念和模式面临种种困境。传统治理方式的不足日益显现出来，时代呼唤新的治理理论和实践。

其次，全球化和信息化的浪潮对社会治理提出了新的要求。

从全球范围来看，从 20 世纪 80 年代开始，“随着全球化和一体化进程的加速，社会事务的复杂性、动态性和不确定性增加，迫切需要一种新的治理机制出现”[①]。全球化使得整个国际社会成为一个互相联系和互相依赖的网络，没有哪个国家的政府或者社会机构能够凭一己之力，单独解决社会问题。由于受到国际法和主权边界的约束，在面对全球事务时，政府无法在经济与社会发展中处于中心地位，政府的作用更多的是以合作者、催化剂和促进者的身份体现出来。随着西方经济的缓慢复苏，科学技术得到飞速发展，改变了社会的生产方式和人们的日常生活方式。治理的决策和实施的主体、治理实践的对象和所面临的问题都在发生很大的变化。在全球化的进程中，新的信息传播技术不断出现，广播、电视、卫星传播等媒体技术在人们的生活中扮演重要角色，对社会管理产生重要影响，政府也开始利用这些新的技术进行社会管理。而计算机和早期的互联网诞生后，网络通信技术开始在人类生产和生活中扮演重要角色，计算机网络低门槛、便捷高效、无处不在和交叉传播的特性展现出了社会治理的潜能，其社会治理的功能也逐渐被政府和社会公众所认知。

再次，协商民主的思想传统为治理理论的提出奠定了基础。

西方历来有协商民主的传统。从古希腊思想家到当代“汉娜·阿伦特等人的政治哲学都强调政治是和平的协商和讨论，而不是暴力的征服和斗争”[②]。西方长久以来的自由主义传统允许个人服从协商说服，而批判理论则使协商和说服更加理性。虽然经历了古典协商民主、共和主义协商民主、代议制协商民主和现代协商民主的范式转型，但是对话与合作一直是协商民主理论的核心和基本精神。协商民主与治理密切相关，

① 余军华、袁文艺：《公共治理：概念与内涵》，《中国行政管理》2013 年第 12 期。

② 梁莹、黄健荣：《协商民主中的公共治理》，《江苏社会科学》2005 年第 4 期。

而且精神相通。针对现代社会中的问题和困境，西方政界和学界主张引入协商民主理论的视角，主张社会公众的有序参与，促进政府与公民、政治国家与公民社会的良性互动。协商民主力图保证给“所有人平等的表达权利和机会，消除参与协商的制度性障碍，让所有公民能够自由参与协商过程”[①]，在社会管理过程中建立较为包容、平等、自由的话语机制，达成社会共识，实现公共利益的最大化，这也为治理理论的提出创造了良好的思想基础。

最后，公共管理思潮推动治理理论的发展。

理论往往与实践联袂而行，与社会现实的变化紧密相关，公共管理学界也在探索新的社会治理理论范式。治理理论与西方公共管理和公共政策学中的新公共管理理论（New Public Management Theory）密切相关。兴起于20世纪70年代末的新公共管理运动的核心精神是主张“将市场机制引入公共行政领域，建立以市场为导向的公共行政或企业型政府”[②]，建立一个“市场化”“企业化”政府。新公共管理理论提出了政府应该“掌舵而不是划桨”的口号，主张将许多原先政府的专属职能转移到社会之中，让政府回归到“掌舵”的位置上来，把属于市场的职能切实转移给市场，从而实现政府与市场的最优功能组合。在管理主体上，新公共管理运动强调政府不再是唯一的公共管理机构，应该允许一些民间机构来共同承担公共管理的职能。在管理方式上，主张以市场规律为导向改革公共行政的实践模式，模仿企业的经营方式来运作政府。新公共管理运动符合当时社会管理实践的变化，是管理理论发展的必然，对学术研究和实践都产生了积极影响，推动了管理的转型，推进了社会管理理论的规范化和科学化。20世纪最后20年，全球化、信息化和知识经济时代的趋势推动了西方的政府再造运动。英国的改革是新公共管理改革的先驱。英国的政府角色重新定位并优化职能，在公共服务领域引入市场机制。美国的改革则是创造一个少花钱、多办事的政府，“政府功能定位的市场化，放松管制，政府公共服务输出的市场化，顾客导向型的政府重塑，政府间的分权变革等，这些都

① 梁莹、黄健荣：《协商民主中的公共治理》，《江苏社会科学》2005年第4期。

② 郭泽保：《社会治理视角下的和谐社会构建》，《马克思主义与现实》2008年第3期。

是治理变革的典型体现"①。

但是，新公共管理运动的目的"只是要求重塑政府，并没有提出变革整个社会治理模式的宏大框架"②；政府单一治理主体垄断社会治理的局面被打破，却并没有采用当时刚刚开始流行的治理概念。治理理论在批判继承新公共管理运动的基础上应运而生。

第二节　治理的内涵

一　治理的定义

目前，治理的概念被广泛应用到多个学科中。基于不同的角度和立场，治理的定义也是五花八门。治理的英文是 governance，是政府 government 一词的变体。治理概念起源于希腊语"kybernan"和拉丁语"gubernare"，原是指领航、掌舵或指导的意思，后来引申为控制、引导和操纵。我国"治理"一词的词源学历史悠久，西汉时期的历史学家司马迁就提出了"礼乐刑政，综合为治"的治国理论③，称得上是我国最早的治理理念。治理虽然是政府的变体，却是一个比政府更为宽泛的概念，从广义上来说是指协调社会生活的各种方法和途径。从政治学意义上讲，治理指的是"公共权威为实现公共利益而进行的管理活动和管理过程"④。随着历史的发展和变迁，治理的概念丰富和多样化。它大致可以分为传统治理与新治理两个阶段。传统的治理，我们可以称之为传统治理，或者旧治理，是"统治"的同义词，二者可以相互替换使用。但是，随着社会现实和思想理念的不断变化，治理理念也不断发生变革，与统治的概念渐行渐远。新旧治理的区别在于，旧治理一般是指"政府及其行为"，新治理是指"政

① 徐顽强：《社会管理创新——理论与实践》，科学出版社 2012 年版，第 7 页。

② 张康之、张乾友：《民主的没落与公共性的扩散——走向合作治理的社会治理变革逻辑》，《社会科学研究》2011 年第 2 期。

③ 余军华、袁文艺：《公共治理：概念与内涵》，《中国行政管理》2013 年第 12 期。

④ 俞可平：《中国治理变迁 30 年（1978—2008）》，《吉林大学社会科学学报》2008 年第 3 期。

府与社会之间的伙伴关系"[①]。一般认为，新旧治理的分水岭是 1989 年问世的《世界银行报告》。这份报告首次使用了"治理危机"一词。世界银行在探讨撒哈拉以南非洲发展问题时，把非洲当时的情况称为"治理危机"。此后"治理"一词便被应用于社会生活的各个领域，后来"治理"成为学术界极流行的概念之一。

正如前文所述，社会变革引起的社会管理危机，使人类社会政治活动的重心发生位移，统治让位于治理，也就是传统治理走向新的治理。正是为了应对新的社会现实，解决新的社会问题，基于不同的视角和立场来认识"治理"概念，出现了多种多样的治理的定义[②]。

根据韦伯词典，治理即统治的行为和过程，是一个比政府、国家、政体更宽泛的概念，"是正式的制度安排和公民社会的互动，是社会上各种因素发挥力量、权威和影响的一个过程"[③]。

从 20 世纪 80 年代开始，治理被赋予了新的含义，它不再局限于政治领域，还被广泛应用于社会经济领域[④]。西方国家和一些国际性组织，如世界银行、国际货币基金组织以及经合组织都对治理进行了重新界定。

1995 年，联合国"全球治理委员会"发布的研究报告《我们的全球伙伴关系》认为治理是"各种公共的或私人的个人和机构管理其共同事务的诸多方式的总和"[⑤]，它是使相互冲突的或不同的利益得以调和并且联合行动的持续过程[⑥]。同年，政府间国际经济组织"经济与合作组织"（Organization for Economic Co-operation and Development，OECD）认为治理指一个社会在管理经济和社会发展中政治权威的运用和控制的行使[⑦]。

---

① 余军华、袁文艺：《公共治理：概念与内涵》，《中国行政管理》2013 年第 12 期。

② 林志鹏：《我国公共决策制度创新问题研究》，博士学位论文，吉林大学，2005 年。

③ 国际行动援助中国办公室：《善治：以民众为中心的治理》，知识产权出版社 2007 年版，第 8 页。

④ 徐祖荣：《社会管理创新范式：协同治理中的社会组织参与》，《中国井冈山干部学院学报》2011 年第 3 期。

⑤ Commission on Global Governance, *Our Global Neighborhood: the Preport of Commission on Global Governace*, Oxford: Oxford University Press, 1995, p. 2.

⑥ 俞可平：《治理与善治》，社会科学文献出版社 2000 年版，第 2 页。

⑦ 朱德米：《网络状公共治理：合作与共治》，《华中师范大学学报》（人文社会科学版）2004 年第 2 期。

1997 年，世界银行（The World Bank）对治理进行了界定：为谋求发展而对国家经济和社会资源进行管理的过程中权力行使的方式。“治理”一词包括公共部门的管理、公信力、法律框架、透明度和信息①。同年，联合国开发计划署（United Nations Development Programme，UNDP）则超出了仅指国家权力的运用，将治理定义为：治理是行使经济、政治、行政的权力和权威来管理一国所有层次上的事务②。

除了国际组织的定义外，一些民间智库和研究机构也对治理进行了定义。2002 年，渥太华治理研究所认为：治理是引导社会与组织的艺术，是一种具有责任心与回应力的权力运作③。联合国亚太经济社会理事会 ESCAP 则认为“治理是决策过程以及执行（或者不执行）决策内容的过程”。

在学术界，西方学者也对治理概念进行了梳理和界定。作为治理理论的创始人之一的美国学者詹姆斯·罗西瑙（James N. Rosenau）在其代表作《没有政府的治理》一书中把“治理”界定为：一系列活动领域的管理机制，它们虽未得到正式授权，却能发挥作用。治理不等同于统治，指一种由共同目标支持的活动，这些活动的主体不一定是政府，也并不完全靠国家的强制力来实现治理的目标④。英国学者格里·斯托克（Gerry Stoker）将治理的概念归纳为：治理主体不仅仅包括政府，还包括其他社会主体；治理的目的是解决一些经济问题、社会问题等；治理主体彼此间存在着权力的依赖；治理主体间构筑成一个自组织网络；治理的手段和方法不再局限于政府的权力等，还存在其他的方法和技术⑤。罗兹 R. A. W. Rhodes 梳理了治理的六种不同定义：最小政府的治理、公司治理、新公共管理的治

---

① 王华：《基于政府治理的国家审计研究》，博士学位论文，西南财经大学，2009 年。

② 朱德米：《网络状公共治理：合作与共治》，《华中师范大学学报》（人文社会科学版）2004 年第 2 期。

③ 谭功荣：《西方公共行政学思想与流派》，北京大学出版社 2008 年版，第 278 页。

④ 徐祖荣：《社会管理创新范式：协同治理中的社会组织参与》，《中国井冈山干部学院学报》2011 年第 3 期。

⑤ ［英］格里·斯托克：《作为理论的治理：五个论点》，《国际社会科学杂志》（中文版）1999 年第 1 期。

理、善治的治理、社会—控制体系的治理、自组织网络的治理[①]。我国学者俞可平认为，“治理是指官方的或民间的公共管理组织在一个既定的范围内运用公共权威维持秩序，满足公众的需要”[②]。

治理是在全球化、信息化、市场化、民主化的新语境下出现的新型社会管理范式，“治理是一种联邦制度的辅从性和企业文化的亲密结合，促进了机构、企业和协会之间的谈判式合作的多样化”[③]。对治理定义虽然存在着各种差异，但是其共识就是，治理是动态的过程，而不是固定的制度形式。在社会治理过程中，政府作为行使权威或权力的唯一主体受到了挑战，包括多元主体，譬如有国际组织、地区组织、私营组织、非政府组织、社会公众等组织和个体都已卷入管理过程[④]。由于新的治理是以治理过程为导向，而非以目的为导向的，从关注治理的结果向关注治理的过程转变，体现了更加科学和人性的特征，符合政治和社会的发展趋势，是社会管理发展的必然趋势。

二　治理的基本特征

治理有一些不同于统治的基本特征。治理主体不仅仅限于政府，政府只是治理的众多参与者之一。多元治理主体包括政府、非政府组织、公众一起合作管理政治、经济和社会事务，承担维持秩序、调节经济和协调社会发展职能。

在治理中，治理权威是多样化的。治理不再局限于政府的统治权力，专业领域里的权威在社会治理中同样发挥作用，比如信息权、知识权威、伦理道德约束等，同样能够促进社会问题的解决，协调社会的有序发展。

在治理中，治理方式是合作。“治理主体相互依存，以共同的价值观为指导，为达成共同目标进行协商和谈判，通过合作的形式来解决各个层

---

① 李晓莉、李郁芳：《西方学者公共治理理论研究综述》，《江苏商论》2011 年第 10 期。

② 俞可平：《全球治理引论》，《马克思主义与现实》2002 年第 1 期。

③ 戈丹：《何谓治理》，社会科学文献出版社 2010 年版，第 97 页。

④ 朱德米：《网络状公共治理：合作与共治》，《华中师范大学学报》（人文社会科学版）2004 年第 2 期。

次和领域中的冲突问题”[①]。治理的核心特征在于多元主体互动合作，发挥各方优势和潜能。治理不是单向度的权力行使，而是国家、政府与非政府组织、公民之间的交流互动过程。在治理中，治理结构是网络化的。传统的统治是金字塔结构的治理模型，政府处于金字塔的顶端，从上到下施加统治权。治理强调政治体制向社会开放，等级控制减少，社会组织、公众参与政策制定和执行，治理主体间构筑成一个立体的自组织网络。治理的过程是透明和公开的，亦即通过多元治理主体的参与，使得决策过程透明公开化，确保治理的正当化。在治理中，治理者与被治理者之间的界限被打破了，“治理者与被治理者的角色都处于流动的和不确定的状态之中”[②]，治理主体和治理客体在不断转化。在某个时间内、某个领域是治理者，而在另外的时刻和领域可能是被治理者，治理者与被治理者的角色扮演都因事、因时而不同。这完全区别于既有的社会治理模式，所以治理是一种全新的社会治理模式。

治理理论的诞生对社会管理的理论与实践都有着重要意义。治理也是对民主制度的深刻革命。传统的行政模式和行政行为都会打上深深的专制和统治的印记，但治理以其公共性和合作性远离意识形态，得以保持中性色彩。它不仅仅是维护政府的利益，还体现了更多公共利益取向。在新型的社会治理模式中，社会治理主体、治理权威、治理手段、治理方式也相应发生了变化，治理的决策和实施过程更加科学规范。治理理论顺应了政治发展的历史潮流，也是社会管理理论发展的必然趋势，是迎合公众需求的必然结果，是社会发展的根本方向。

第三节 治理的相关概念

治理理论在发展过程中，与其他相关学科不断结合，衍生出了一些跨

① 杨春福：《善治视野下的社会管理创新》，《法学》2011 年第 10 期。

② 张康之、张乾友：《民主的没落与公共性的扩散——走向合作治理的社会治理变革逻辑》，《社会科学研究》2011 年第 2 期。

学科亚概念，具有代表性的概念有协同治理、合作治理、多中心治理、善治、公共治理等，这些概念不断推进和完善了治理理论体系。

一　协同治理

协同治理是大科学时代以来系统科学的重要成果之一。20 世纪 70 年代，德国斯图加特大学理论物理学教授赫尔曼·哈肯（H. Haken）创立了一门新兴的系统学科：协同学（Synergetics）。协同学即协同合作之学[①]，认为整个世界是一个协同系统，在这个开放的系统中，大量子系统相互作用，产生整体的或集体的合作效应。协同学提出后被广泛应用于各个领域，并被逐步应用到社会科学领域，“强调不同社会主体间需要相互配合与协作，以达成更好的社会效益”[②]。

在社会管理中，正是鉴于国家的失效和市场的失效，愈来愈多的人热衷于引入社会组织作为社会管理主体，以协同治理应对完全依靠市场和（或）国家管理的失败。实际上，治理理论体现了协同思想，因为治理是由政党、政府、社会团体、公众等社会多元主体参与合作，共同管理公共事务，以追求最大化的管理效能。基于协同学理论和治理理论的协同治理也称为合作治理，是指在社会生活过程中，政府、非政府组织、企业、公民个人等子系统互相协调，合作处理社会事务的过程。协同治理的目标在于“追求最大限度的治理功效，最终达到最大限度地维护和增进社会公共利益的目的”[③]。协同治理主张以政府为主导，整合党政界、企业界、知识界、媒体界等多种资源，促进各主体跨领域合作[④]，是一种兼容多元社会组织、兼有社会经济多重效益目标、灵活运用行政与市场多种手段的组织协同机制。协同治理是一种包括共同参与、共同出力、共同安排、共同主

---

① 何水：《协同治理及其在中国的实现——基于社会资本理论的分析》，《西南大学学报》（社会科学版）2008 年第 3 期。

② 常敏：《社会治理中的多元组织协同机制研究——基于杭州的实证分析》，《浙江学刊》2009 年第 3 期。

③ 郑巧、肖文涛：《协同治理：服务型政府的治道逻辑》，《中国行政管理》2008 年第 7 期。

④ 何炜：《协同治理视野下的地方政府与非营利组织之间的良性合作关系》，《山东行政学院山东省经济管理干部学院学报》2010 年第 6 期。

事等互动关系的伙伴情谊的治理形式，提倡政策制定和实施过程中公民、民间组织共同参与，通过对话沟通，凝聚共识，齐心协力，共同合作促进公共利益的最大化。协同治理作为治理的一个分支，和治理有一些共通的基本特征，如治理主体的多元性、治理权威的多样性、治理系统的动态性、子系统的协作性等。

协同治理强调合作的过程和方法是对治理理论的补充和发展。协作治理或称合作治理，“打破了传统的政府统管和一元化治理思路，打破了公共政策目标的单一性，使政策目标走出了单纯对政府机构负责的简单诉求”①，转而通过机制创新，“促使政府与市场、社会互相嵌入，在平等自愿的基础上建立合作关系”②。协同治理是治理理论的完善和发展。协同治理强调达到公共利益最大化的合作过程③，实现整体功能大于局部功能之和，强调治理的合作和有序结构，为克服公共管理的碎片化指明了方向。协同治理/合作治理成为治理主体间关系演进的主流趋势。

二 “多中心”治理

协同治理理论强调治理的合作过程，而多中心治理强调的是社会治理主体的多元化及主体间的网络化关系。多中心治理的核心理念就是治理主体的多元化。随着政治体制日益开放和经济社会的日益发展，非政府组织、商业组织、利益团体等各种社会组织走向兴盛，并日益具备治理的能力，不断地涌入社会管理领域，它们有足够的能力为解决某方面社会问题，维持社会秩序贡献自己的力量。这也为它们参与社会治理成为可能，而随着现代政治文明的发展，政府逐渐开放社会管理的权力和格局，在治理理念的推动下，政府积极吸纳社会组织参与，而其他社会治理主体也积极主动参与社会问题的分析和解决，构成了多中心治理的社会管理网络。

多中心治理并非要否定和排斥政府的作用，只是认为政府不再是唯一

---

① 杨宏山：《合作治理与城市基层管理创新》，《南京社会科学》2011 年第 5 期。

② 杨宏山、皮定均：《合作治理与社会服务管理创新》，中国经济出版社 2012 年版，第 25 页。

③ 张峰、赵颖：《善治视野下的公民政治参与》，《郑州航空工业管理学院学报》（社会科学版）2011 年第 1 期。

的中心和主角，以前一直充当观众的“非政府组织、私营部门、利益集团、公民个人等和政府一样享有同样的”治理权力和权利①。多中心治理务求非政府组织、私营部门之间的协商和合作。与协同治理相似，多中心治理与协同治理有一些共通的特征。第一，多中心治理的主体是多元化的，包括国际组织、政府、企业、民间组织、公民个人等。这些组织和个人共同构成了社会治理活动的多个中心主体。第二，多中心治理的结构是网络型的。既然有多元治理主体，治理主体之间是没有次序的，每个治理主体自成中心，互相交叉，镶嵌在由各种关系织就的社会网络中。治理主体之间的网络状信息交流真正把所有人和组织融合进网络世界。第三，多中心治理的目标是实现公民利益最大化，满足公民多样化的需求。第四，多中心治理的方式是合作和竞争。多中心治理结构中，从政府到公民个体都参与治理，有着不同的利益和需求，会构成彼此竞争，只是由于组织力量不同和分工，需要彼此合作，共同实现对社会问题的治理。

独立主体间的合作治理才是多中心治理运作真正的轴心。多中心治理运作机制可以被表述为合作机制。多中心治理运作机制主要表现为政府和非政府之间的合作制度安排，其治理机制因而是一种“合作的制度矩阵——合作政治”的模式②。

在治理的主体、过程、方式和目标上，多中心治理、协同治理、合作治理是相通的，只是强调的重点不一样，其实内涵是大同小异、殊途同归的。

三 善治

善治理论是20世纪90年代以来西方学术界极流行的理论之一。善治，其英文名为good governance，可直译为良好的治理，是治理的结果，也是良好治理的实现过程，是“治理”的最高境界，也是治理理论的最新发展成果。在前文所述的治理危机的背景下，发达国家的政府、民间机构、智库以

① 何水：《协同治理及其在中国的实现——基于社会资本理论的分析》，《西南大学学报》（社会科学版）2008年第3期。

② 孔繁斌：《公共性的再生产》，江苏人民出版社2008年版，第57页。

及一些国际非政府组织（INGOs）开始关注和研究善治。

俞可平在其著作《治理与善治》中，认为“善治是政府与公民之间的积极有效的合作”，是使公共利益最大化的社会管理过程，善治的本质特征就在于“它是政府与公民对公共生活的合作管理，是政治国家与公民社会的一种新颖关系，是两者的最佳状态”[①]。

世界银行将善治概括为可预见性、开放和启发性的（即透明的）决策过程。欧盟认为：“善治是在一个坚持人权、民主、法治的政治和制度环境下，为达到公平和可持续发展而对人、自然、经济和财政资源进行的透明且负责任的管理。”[②]

善治是治理的上位概念，是优化了的治理类型，是对治理的进一步完善和提升，是公共利益最大化的过程。善治是政府与公民对社会公共生活的共同管理，是国家与公民社会的良好合作，是两者关系的最佳状态[③]。善治与协同治理、合作治理、多中心治理在本质上是相通的。善治是治理的最佳状态，也是治理的终极目标。由治理走向善治是历史发展的必然趋势。

善治具备一些基本要素。俞可平认为，善治有以下10个要素[④]：（1）合法性，即政治秩序和公共权威被自觉认可和服从的性质和状态；（2）法治，即法律成为公共政治管理的最高准则，法律面前人人平等；（3）透明性，即政治信息的公开性；（4）责任，即管理者应当对自己的行为担负基本的公共责任；（5）回应，即公共管理人员和管理机构对公民的要求作出及时的和负责任的反应；（6）有效，即管理的效率；（7）参与，既指公民的政治参与，也包括公民对其他社会生活的参与；（8）稳定，意味着国内的和平、生活的有序、居民的安全、公民的团结、公共政策的连贯等；（9）廉洁，主要是指政府官员奉公守法，清明廉洁，不以权谋私，公职人员不以自己的职权寻租；（10）公正，指不同性别、阶层、种族、文化程度、宗教和政治信仰的公民在政治上不可分离，也不可偏颇。

---

① 俞可平：《治理与善治》，社会科学文献出版社2000年版，第9页。
② 杨春福：《善治视野下的社会管理创新》，《法学》2011年第10期。
③ 俞可平：《善治与幸福》，《马克思主义与现实》2011年第2期。
④ 同上。

在中国，善治理论和实践也取得了显著的成就。20 世纪 90 年代以来，"善治"已成为我国政治体制改革的目标之一。很显然，善治的基本要素与社会主义和谐社会"民主法治、公平正义、诚信友爱、充满活力、安定有序、人与自然和谐相处"的基本要求是一致的。和谐社会实质上"就是一个民主、法治、公平、有序、善治的社会"[①]。从社会治理的角度来看，善治是建设和谐社会的重要内容。和谐社会正是社会各种要素和关系相互融洽的社会。2011 年 6 月 3 日，《人民日报》发表评论员文章《在良性互动中寻求"善治"》，提出"时刻关注民意的温度和风向，以公开透明化解疑虑，以闻过则喜树立公信，以真诚维护群众利益赢得民心，在良性互动中促进社会共识、完善公共治理，这是我们加强和创新社会管理的重要目标和现实途径"[②]。这表明，善治的概念已经被官方正式接受。中国的社会治理正在向善治迈进。

第四节 公共治理

公共治理理论是 20 世纪 70 年代以来公共管理和公共行政理论研究范式转型的产物，它是社会科学各主要学科交叉研究和综合发展的结果。从 20 世纪 90 年代开始，西方学者逐渐重视在公共事务领域治理理论的研究，逐渐形成公共治理理论[③]。公共治理是指政府、社会组织、私人部门、国际组织等治理主体，通过协商、交谈等互动的、民主的方式共同治理公共事务的管理模式[④]。公共治理也是公共权力部门整合全社会力量，分享治理权力，分担治理责任和义务，共同管理公共事务、解决公共问题、提供公共服务、实现公共利益最大化的过程。公共治理具有一些基本特征，与上文所述的协同治理、多中心治理善治等概念有着很

① 俞可平：《善治与幸福》，《马克思主义与现实》2011 年第 2 期。
② 人民日报评论部：《在良性互动中寻求"善治"》，《人民日报》2011 年 6 月 2 日。
③ 李晓莉、李郁芳：《西方学者公共治理理论研究综述》，《江苏商论》2011 年第 10 期。
④ 胡正昌：《公共治理理论及其政府治理模式的转变》，《前沿》2008 年第 5 期。

多共通之处。

其一，治理主体和客体多元化。公共治理中，治理主体从一元向多元转变。公共治理认为公共事务的管理是一个利益相关主体共同参与的过程。公共治理过程中，政府不再是单一的主体，也不再是唯一的权力中心[①]，各社会组织、私人部门、国际组织乃至公民个人都可以成为公共治理的主体，在处理公共事务时，不同主体发挥其特有的作用，提升处理的效率[②]。公共治理的对象广泛，从政治腐败、经济犯罪到社会问题、文化习俗，从公共事务和公共领域到私人事务和个人私德，从村庄、部落到国家、区域事务，乃至全球事务，都是公共治理的对象，公共治理涉及人类活动的每一个领域。

其二，治理方式多样化。公共治理理论强调根据不同类型和特点的公共事务采取不同的治理方式，并相应地对实施主体进行科学定位、合理分工[③]，而不是完全依赖政府管理。政府不能依靠其政治权威来制订和实施决策，对公共事务进行单一化管理。社会组织、私人部门、国际组织等其他主体也参与管理，发挥各自特长，组成管理网络，形成多个权力中心，群策群力，互相监督，互相制衡，共同治理公共事务[④]。

其三，治理手段立体化。随着社会治理主体的多元化，社会治理的手段也由“平面化向立体复合化转变”[⑤]。立体复合的社会治理手段体系主要包括法律手段、经济手段或市场手段、必要的行政手段或者政策手段、道德手段等。其中法律手段和经济手段是最基本的手段，其他手段是不可或缺的补充[⑥]。

其四，政府权力的有限化。公共治理理论强调多元治理主体通过分工合作共同解决社会问题，政府不应该在任何事务上都事必躬亲、插手干

---

① 李晓莉、李郁芳：《西方学者公共治理理论研究综述》，《江苏商论》2011年第10期。

② 胡正昌：《公共治理理论及其政府治理模式的转变》，《前沿》2008年第5期。

③ 滕世华：《公共治理视野中的公共物品供给》，《中国行政管理》2004年第7期。

④ 胡正昌：《公共治理理论及其政府治理模式的转变》，《前沿》2008年第5期。

⑤ 陶希东：《中国特大城市社会治理模式及机制重建策略》，《社会科学》2011年第10期。

⑥ 覃正爱：《加强社会治理创新与构建和谐社会》，见唐铁汉、袁曙宏《社会治理创新》，国家行政学院出版社2007年版，第61页。

涉，政府要从全能型政府转变为有限政府。政府要禁止滥用权力，有效保障其他主体参与公共事务的管理①，通过治理主体的有效自治和治理，极大地降低治理成本，提高治理效率。

其五，治理结构网络化。在公共治理结构中，"政府、社会组织以及公民个人在一种自主自治的网络体系中建立起互相依赖和平等互动的关系"②。公共治理的多元主体形成了一个多层次的、相互依存、错落有致的立体网络式治理结构。多元治理主体通过合作和协商达成一致协定，共同治理社会问题。

其六，参与和合作是公共治理的精髓。社会公共事务具有多样性和复杂性，需要包括政府、企业、公民社会等多元主体的积极参与③。庞大而单一的政府不可能在应对所有问题上都有效率，这就要求政府与其他众多的企业、事业单位、民间组织、利益团体、媒体、公众等治理主体建立起一种开放的对话和互动的关系，共同合作完成对社会问题的发现、分析和应对。公共治理理论的主体多元化、权力多中心化的特征，要求在公共治理过程吸纳治理的利益相关者、专家学者和个人的广泛参与。公共治理也是一种合作互补关系，强调各种机构、团体之间的自愿、平等的合作④。只有合作，多元治理主体才能有效地发挥作用，并弥补相互的缺陷。而且这种合作不仅仅是社区、城市、民族国家内部的，还是国际性和全球性的，社区性、地方性、国家性和国际性的合作都有助于相应社会问题的治理。

公共性是公共治理的基本特征。公共治理是多元主体基于相互理解而协商合作的共同管理。在治理实践中，集中表现为治理过程的公共参与；治理的目标是维护公共利益。公共治理"以公共性当作社会管理活动的出发点，把维护公共利益、实现公众满意作为现代行政活动的核心价值追求"⑤。与善治一样，公共治理的评价体系也注重效率、参与度、透明度、回应、公平、法治等指标。公共治理强调社会治理的目的和手段的统一，

① 胡正昌：《公共治理理论及其政府治理模式的转变》，《前沿》2008 年第 5 期。

② 同上。

③ 李晓莉、李郁芳：《西方学者公共治理理论研究综述》，《江苏商论》2011 年第 10 期。

④ 魏涛：《公共治理理论研究综述》，《资料通讯》2006 年第 1 期。

⑤ 郑巧、肖文涛：《协同治理：服务型政府的治道逻辑》，《中国行政管理》2008 年第 7 期。

追求社会治理中人的价值。在公共治理中，不同的社会阶层、社会集团有着各自的利益和价值诉求，“多元社会治理通过主体之间相互协作，在追求管理效率的同时，更加注重社会的公正，强调各自担负起应有的社会公共责任，最终全面实现人的价值”①。

公共治理是治理理论发展的最新成果，是治理实践发展的总结，体现出了重要的理论价值和实践价值。公共治理从根本上否定了政府本位主义、政府中心论，从分享、参与、合作、互动等多方面重构了政府的角色与职能。公共治理作为一种现代社会的治理模式，通过治理主体的多元化参与，有效地凝聚了多元社会主体对社会治理的热情，凸显了社会主体的平等参与性与利益共享性，最大限度地彰显“善治”要求公平正义的价值、以人为本和可持续发展的理念。公共治理是治理范式的最新成果与创新，影响深远。

公共治理也契合中国特色的治理理念和实践。在全球化背景下，西方公共行政范式变迁对转型期的中国政治理念和实践产生了深刻影响。中国在政治发展潮流中，其社会治理理念和实践既坚持了自身的特色，又在保持自身制度统一性和治理科学性的基础上，不断追踪政治发展的最新前沿和趋势，进行了与时俱进的更新和变革。中国的治理理念经历了改革开放之前的意识形态取向的治理到改革开放之后的效率取向的治理，再到21世纪的公平取向的治理。中国特色的社会治理是在扬弃传统统治型政府管理体制的基础上，在保证中国特色社会主义治理体制不动摇的前提下，吸纳西方治理理论和实践发展的最新经验，不断发展完善而来。中国特色的社会治理在确保政府主导社会治理地位的前提下，重新调整政府职责权限，重新建立政府与社会的关系，依靠党委的坚强领导、政府的主导责任、市场的配置力量、社会的积极协同、公众的有序参与，在治理国家与社会事务过程中形成各尽所能、各得其所的强大合力，最终达成共同建设、共同享有的社会主义和谐社会。目前，公共治理已成为我国和谐社会建设主导社会治理范式，中国特色的治理理念已经由“政府包揽的、不容社会其他

---

①　孙涉：《我国多元社会的治理与制度构建》，见唐铁汉、袁曙宏《社会治理创新》，国家行政学院出版社2007年版，第81页。

力量进入的、封闭单一的传统治理模式，向政府导控、多元主体、平等参与、以人为本、公平正义的公共治理模式转型”[①]。公共治理是符合中国特色社会主义的治道方式，秉持了人民民主政权的“共有”“共治”“商谈”“共享”理念。中国社会治理需要继续学习西方经验，顺应全球治理变革的趋势和要求，完善“党委领导、政府负责、社会协同、公众参与”的公共治理结构，最终实现和谐社会。

① 向波：《和谐社会视域中的我国社会治理创新》，《探索》2005 年第 6 期。

第三章

微博参与社会治理的必要和可能

在简要介绍了微博的定义、历史、特征和价值，并梳理了治理的理念的前世今生之后，我们会发现微博的传播特性、功能和价值与公共治理的理念有着共通和契合之处。公共治理的实践与理念之间并不同步，实践滞后的关键原因在于缺乏多元治理主体之间的信息沟通渠道，信息渠道的匮乏导致了公共治理理念只能停留在理论层面，无法落到实处。由于缺乏高效便捷的信息沟通渠道，在公共治理实践中，往往存在渠道缺乏、沟通不畅的问题。微博正好可以成为公共治理过程中联系治理主体之间、治理主体和客体之间的沟通渠道和纽带。微博的传播特性与公共治理的基本特征可以实现优势互补，让微博参与社会治理既有必要，也有可能。

第一节　社会背景的需要

1986 年，德国社会学家乌尔里希·贝克出版了《风险社会》（*Risk Society*）一书，该书首次提出“风险社会”的概念。从世界范围内来看，从 20 世纪 80 年代开始，人类就进入了风险社会。进入 21 世纪，人类则进入了高度风险社会。在当今全球化和信息时代，资本、资源、信息、人力、物力跨越国界和疆域迅速流动，加速了风险的传播和扩散，并放大了风险和危机的影响。随着社会风险的加剧，人类发现自己陷入危机事件频发的泥淖之中了，时时处处感受到危机事件的困扰。这些风险大致可分为两类：一是环境风险，这类问题源于自然环境恶化、人造环境隐患和资源短缺等原因造成的潜在危机，尤其是后果极其严重的生态环境灾难问题；二是社会风险，这类问题导源于制度安排不当、社会管理失序、社会控制失灵等原因可能引发的危机。在国与国之间、地区与地区之间，战争威胁、文化冲突、意识形态差异、世界性金融危机时有发生；在国内，社会犯罪、失业、贫富差距、制度转型阵痛、代际和阶层冲突、暴力的滥用和扩散日益加剧。这些全球性风险对世界秩序和国家统治秩序产生了严重冲击，原有的国际国内秩序的稳定性被削弱，秩序的核心——国家的权威和信任度不断下降，社会的稳定和发展受到严重影响。

中国作为世界的重要组成部分，也毫不例外地遭受着国际和国内危机的影响。改革开放后，我国的社会主义建设取得了举世瞩目的成就，但也存在和面临着种种问题。正因为中国作为一个人口大国，在不到一百年的时间内走完西方发达国家二三百年才走完的工业化和城市化进程，导致现代化过程中一些社会问题和矛盾集中出现。中国正处于一个风险越来越高，并需要加以有效治理的社会历史阶段，政治、经济、社会及文化体制的转型，使得市场经济的发展给中国带来经济繁荣的同时，也导致了社会阶层和社会结构的裂变和分化，中国社会逐渐从一个“整体性的社会”转变为一个“多样化的社会”，社会利益关系更趋多样、复杂，社会发展过程中的各种矛盾与冲突不断凸显。多元利益主体的多元利益需求相互冲突，涌现了大量的社会问题和社会矛盾，这些都对现有的社会管理体制提出了严峻的挑战。“旧的社会资源分配体系、控制机制、整合机制正在趋于解体，而新的体系与机制尚未完善和充分发挥作用”①，诱发和加剧了种种风险。这些风险大致可以分为四类：第一类是传统类型风险，如自然灾害、生态危机、民族矛盾依然对人民生活和社会安全构成威胁；第二类是中国工业化过程中涌现的风险，如失业、劳资纠纷、地区差异，贫富差距、

① 中国行政管理学会课题组：《强化政府社会管理职能　提高政府社会治理能力》，《中国行政管理》2005 年第 3 期。

刑事犯罪、弱势群体、传染疾病、金融危机、邪教、恐怖主义、安全事故等有加剧的趋势；第三类是体制转轨过程中因制度、政策缺失而带来的制度失范型风险，如腐败行为、道德滑坡、信任危机、控制失灵等；第四类是全球化浪潮带来的外部冲击型风险，如国际恐怖主义、世界性金融危机、国家分裂主义等。这些风险涵盖政治、经济、文化、社会领域，涉及地区、国内和国际问题，诸多关键性社会矛盾千头万绪，互相纠缠，对中国的国家权威和社会稳定造成了深远的影响。更为堪忧的是，在整个社会层面，执政者与民众之间弥漫着“不信任”情绪，尤其是互联网兴起后，网络上的“塔西佗陷阱”日益凸显。而要真正驱散目前社会中弥漫的某种“不信任”和敌对情绪，建立健全官民沟通渠道，共同解决社会问题，显得异常紧迫。

民意表达和政治参与渠道匮乏是危机和矛盾出现和恶化的主要原因。改革开放以来，由于经济发展导致社会阶层分化，理想和现实的差距、东西部经济发展的失衡、社会的贫富差距，极易造成民众相对的被剥夺感，引发情绪淤积。此时尤其需要畅通的民意表达渠道。而当社会矛盾和危机发生时，便捷有效的意见表达和利益诉求途径却严重不足。当利益受侵害时，公民往往只能通过上访、静坐、示威等方式表达诉求，导致整个社会“群体性事件”频发。

现代社会的矛盾和风险与信息传播紧密相关。现代社会是一个媒介化的社会，风险的发生、激化、规避等一切与风险有关的社会治理都会打上传播的烙印。特别是在数字化传媒变革的推动下，这一关系变得越来越紧密。在网络传播年代，民意尽情宣泄在道德约束、行政约束、社会秩序约束相对薄弱的网络世界中，以网络舆论事件的形式释放出来，产生巨大的影响。在这些由于网络信息传播而导致的“网络群体性事件”中，归根究底都是由于缺乏合理的诉求表达渠道。在各种公共危机事件中，如煤矿事故、地震、疫苗事件等，由于信息沟通不畅，公众无法表达自身合理的诉求，政府也无法回应民众的需求，民意在网络上肆意宣泄，导致了社会的怀疑和冲突，影响了社会的和谐稳定，造成了重大的损失。在风险社会中，社会需要“减压阀”以缓解社会矛盾。减压阀就是合理科学、顺畅的信息表达渠道。

在社会矛盾的应对和处理中，由于缺乏有效的沟通和合作平台、渠道和工具，政府与其他公共危机利益相关人，即非政府组织、营利组织、公民、媒体之间的信息沟通缺乏，沟通效率低下，相互协作的程度较低，不能发挥整体大于各部分简单之和的效应，也不能发挥各自优势，取长补短，反而造成了利益纷争和矛盾冲突。时代呼唤新的治理方式，这种新的治理方式的关键在于建立健全信息沟通渠道和机制，微博的诞生和发展正好迎合了社会矛盾背景的需要。

第二节　治理转型的必要

在世界治理转型趋势和国内矛盾交织的多种背景下，中国政府也在有意识地进行治理转型，这使微博参与社会治理成为必要和可能。当前，中国正处于社会转型时期，旧的社会治理体系、控制机制和整合机制正趋于解体，新的治理体系正在建立和完善。在中国传统的统治型社会治理模式下，政府集行政、立法、司法、军事诸权于一身。出于管理秩序的考虑，信息的流动完全是由上级控制的，上级发号施令，下级被动执行。虽然也存在一定的民意搜集机制，传统社会治理主要目的是政治统治和社会管制，力图限制信息的流动，搞信息封锁，但并不存在真正的政务公开和公众参与。

新中国成立后，中国逐渐建立的是一个与计划经济体制相适应的全能型政府治理模式，政府权力渗透到城乡社会的各个领域，虽然长期维持了社会秩序，但由于缺乏公众的参与，导致社会僵化而失去活力，社会成员参与治理的路径单一，治理效率虽然时而有效，但很快就不能适应历史发展潮流。改革开放之后，中国顺应世界发展潮流，打破传统的高度一元化的治理模式，积极探索中国特色的治理体制。当代中国的社会治理取得了一定的成就，也面临诸多困境。社会总体稳定，但社会不稳定因素增加且复杂化。社会自治因素增强，但总体上看仍是行政主导。社会组织发展迅速，但由于双重管理制度以及政府对社会组织重控制、轻培育，其进一步发展受到极大制约。社会治理绩效不断提高，但区域差距显著。在当代中国，治理主体单一，民众参与不足，民间组织发展不够完善，政府负担过重，治理体制的弊端重重，社会治理存在和面临种种困境。

进入21世纪，随着国际经济全球化、政治民主化和社会信息化浪潮以及国内改革开放和社会主义市场经济的深入发展，中国社会发生了重大而深刻的变化，社会建设和管理中出现了许多新情况和新问题，“社会管理的任务加重，化解社会矛盾的难度加大，服务社会化的要求越来越高，对创新社会管理体制、加强社会建设和管理提出了一系列前所未有的新要求”①。

现阶段社会成分的多元、社会利益的冲突、社会关系的复杂以及社会信息的分散等，已经在诸多层面上改变着中国已有的社会治理模式，过去的政府集权治理的模式已经很难适应社会发展的现实需要。尤其是“风险社会”对政府能力提出了新的挑战。政府部门越来越无法一一对繁多而矛盾的公共问题作出让社会各方都满意的裁决，离开各利益群体的积极参与和大力支持，仅靠政府的力量已经不可能对社会事务进行有效的治理。当代中国社会的复杂现实对国家治理尤其是社会治理，提出了空前的挑战。在社会矛盾和网络发展交叉的情况下，推进社会治理创新，这是世界各国面临的共同课题，也是中国构建社会主义和谐社会的一项紧迫任务。

遗憾的是，当前中国的社会治理理念仍然滞后，未能赶上治理对象变迁的脚步，正如龚维斌教授所说，我国社会管理的理念仍然十分陈旧。部分官员仍然只重视经济增长，对社会民生建设缺乏兴趣和热情，对常规化和科学化的社会管理研究不多，管控思想严重、服务意识淡薄，导致了治理方式粗暴，治理实践不科学，官民无法进行对等沟通，官民冲突频发，影响了治理的实践效果。在实践上，传统的社会治理模式已经很难适应时代的发展，在治理的效率、成本、产出、供给、目标以及透明度等方面存

① 姜平：《构建社会主义和谐社会的核心内容》，参见唐铁汉、袁曙宏《社会治理创新》，国家行政学院出版社2007年版，第164页。

在着失效的危机。随着中国社会主义市场经济体制的不断发展和完善，国家权力因素与各种社会性因素都发生了剧变。在新的时代背景下，政府在某些市场领域或公共领域难免有些力不从心。在当前的治理体系中，仍然存在治理主体单一、社会治理方式不够灵活、公民参与不足、社会力量缺失等现象，这都导致了治理成本高、治理成效低的问题。尽管随着互联网等信息技术手段的发展，公民参与社会事务的热情日益高涨，参与渠道有所拓宽。但是总体而言，公民参与社会管理的程度不够深入；公众缺乏有效的参与平台；政府公共信息披露不及时、不充分；公民意识有待增强，参与能力有待进一步提高；硬管理有余，软管理不足，缺少柔性化的道德教化、沟通协调；社会矛盾纠纷解决的手段单一，社会治理的不足和缺陷日益显露出来。

以 2003 年 SARS 事件为标志，中国社会进入高风险时期，社会矛盾突出，群体性事件增加，转型加速。在推进社会转型的过程中，要缓和社会矛盾，实现社会安全转型，就要做到制度创新、社会稳定、国家统一，而治理变革是唯一的选择。治理转型是中国历经革命转型、改革转型之后的第三次转型。目前，中国的社会治理转型已开始起步，政府也在探索新型社会治理模式，从“运动型”治理走向“可持续型”治理。“运动型”治理的逻辑根源在于对中国传统治理模式的依赖、对自上而下行政运行体制的遵循以及将短期政绩作为政府治理目标的错位，最终表现出治理效果不明显、公共权力异化、政府公信力下降等弊端。顺应时代发展，中国政府提出了“可持续型”的治理模式，这是一种替代性的治理模式，遵循既定的制度、规则和程序，涵盖了制度治理、依法治理、参与治理和长效治理等理念。从单一的政治统治向政治统治与公共治理兼具的方向发展，从物本主义向人本主义演变，从科学理性管理为主向人文价值提升为主转变，从内部管理为主向内部管理与外部管理相结合而以外部管理为主的方向发展，从特别注重等级制度的有序管理向等级制度与网络型组织相结合的方向转变。

政府有意识地推动治理转型，这是微博参与社会治理的直接动因。随着环境的变迁、社会的转型与改革的深化，中国的社会治理价值观也逐渐从单一走向多元，从强调效率走向强调公平，从强调任务走向强调责任，从强调管理走向强调服务，从强调权威走向强调民主，从单纯强调组织机构的完善与严密走向强调对人的价值与需求的尊重，行政主体从被动异化走向主体性价值的塑造，行政客体从被遮蔽走向凸显，行政组织从内向、机械、封闭走向开放、有机、联动，呈现出治理核心价值观多元化的态势，日渐彰显了当代公共治理的公民本位、社会本位、权利本位。治理转型是要求政府的职能转变，政务公开，吸纳其他治理主体参与，听取民意，接受监督，而微博作为一个开放、自由、便捷、廉价的信息沟通平台则大有用武之地。

政府日益重视网络舆情，也让微博参与社会治理成为可能。世界和当代的历史带给我们启示：欲长治久安，实现善治良治，民意支持是第一要义。而要获得民意支持，执政者必须真正尊重民意、倾听民意，建立与民众有效的沟通渠道，化解彼此心中的不信任感。在网络传播年代，网络舆情成为社会舆情的晴雨表和风向标，能否科学应对网络舆情、化解社会矛盾衡量着社会治理的能力和水平。长久以来，政府对社情民意的反应较为迟钝，导致了紧张的干群关系。在治理转型的背景下，政府日益重视网络舆情，将网络当作搜集舆情的重要渠道。不少党政机构的要员使用网络与公众沟通，达到了令人满意的干群沟通效果。微博作为新媒体发展的最新形式，自然也备受关注。2008 年 6 月 20 日，时任中共中央总书记的胡锦涛在人民日报社主办的人民网“强国论坛”工作平台上，通过视频直播与广大网民在线交流；2010 年 2 月 27 日，时任中共中央政治局常委、国务院总理的温家宝接受中国政府网、新华网联合专访，与广大网友在线交流：这些都是党和政府高度重视网络民意沟通的体现。

政府职能转变也为微博参与社会治理创造了条件。在治理转型的迫切要求推动下，伴随着中国的现代政治文明发展进程，中国的政府职能也在不断发生变革。改革开放之前，中国政府实施的是与计划经济体制相适应的全能型政府管理模式，政府权力渗透到社会的各个领域以及个人生活的诸多方面。这种管理方式在一定的时期内是合理且有效的，但也抑制了社会的思想、活力。由于政治的一枝独秀，“社会严重依赖政府，缺乏自我管理、自我发展的能力”[①]。改革开放之后，随着市场经济的发展和社会的日益开放，社会治理完全依靠政府的时代一去不复返了。政府也逐渐改变唯一权威管理者和权力垄断者的观念，由“单一政府”向“联合政府”或“混合政府”管理模式转型，政府逐渐有所为有所不为，重视发挥企业和其他社会公共组织的力量，将其吸纳到社会管理中。随着改革开放的深入，政府已经从一个“全能政府”转型为“有限政府”“民主政府”“责任政府”“服务政府”“优质政府”“效益政府”“专业政府”“透明政府”“廉洁政府”，给予公民政治参与以充分的制度保障，保证公共事务和政府管理的公开性、透明性，不断发展和完善政府的信息公开制度、重大事项的社会听证制度、公示制度、专家咨询制度、民主评议制度等，通过公民参与公共事务来推动政府和公民的互动合作，有效监督政府的公共行为。这些直接或间接的政治参与制度的建立和完善，为中国公民的民意表达和政治参与提供了基本的制度保障。

尤其是在2003年中国加入WTO之后，政府社会管理的体制、方式、手段或主动或被迫地进行了一些改革。政府根据协定，逐渐将原先占有的部分权力交给社会，陆续把一些不该管或管不好的职能移交给以行业协会等为主的社会组织，主动发挥中国行业协会等新公共行政主体协同治理的组合优势，发挥各种治理机制及制度的协同竞争优势，推动“多中心”社会治理，已成为当代中国社会管理发展的一个基本趋势。

近年来，中国治理转型的发展趋势越来越清晰地向人们展示，构建公共治理体系已经成为一种历史必然。中国的治理转型也在朝着科学化、规范化的方向前进，政府转变职能，将单方面的全能式的管制转变为多元主体的共同治理。在管理方式上，由政府的直接管理向间接管理转变，这都是为适应社会主义市场经济而建立新型社会治理体制的探索，为微博参与社会治理创造了良好的制度环境。

---

① 陈振明、李德国、蔡晶晶：《政府社会管理职能的概念辨析——“政府社会管理”课题的研究报告之一》，《东南学术》2005年第4期。

第三节　政治发展的必然

中国政治文明的进程使微博参与社会治理成为可能。中国官方最高层一直对社会治理改革和创新给予高度重视，并在国家决策的最高层面上多次强调，社会治理创新成为中国政治发展的重要目标之一，这也为微博参与社会治理提供了良好的政治氛围。

和谐社会的理念蕴含了公共治理的因子。所谓和谐社会，就是在保持社会主义基本制度的前提下，社会系统的各个部分、各种要素处于一种相互协调、其功能处于最优化状态的社会，做到“民主法治、公平正义、诚信友爱、充满活力、安定有序、人与自然和谐相处，这要求矛盾的双方或多方能够在统一体内相互包容，协调运作，良性转化和融合，始终使社会处在健康的、富有生机和活力的状态之中，实现人与人、人与社会、人与自然的和谐”。和谐社会强调协调、合作、友善、秩序，体现了治理主体协商合作共同处理社会事务的公共治理的理念。

作为人民当家做主的社会主义国家，中国历来重视人民民主和民众参与。从晚近的政治发展历程就可以看出来，1997 年 9 月，中共十五大报告提出要“健全民主制度……实行民主选举、民主决策、民主管理和民主监督，保证人民依法享有广泛的权利和自由，尊重和保障人权”。2002 年 11 月，中共十六大报告指出：“健全民主制度，丰富民主形式，扩大公民有序的政治参与，保证人民依法实行民主选举、民主决策、民主管理和民主监督，享有广泛的权利和自由，尊重和保障人权。”此后，社会管理创新受到了中国高层的重视，并在历次党的最高会议上被提及。2004 年，党的十六届四中全会重点强调了加强党的执政能力建设，明确提出要“深入研究社会管理规律，加强社会建设和管理，推进社会管理体制创新”，这是社会管理创新首次在党的重要会议上被明确提出。此后，在中央文件中，“社会管理”成为常用概念。2007 年，党的十七大报告又指出“深刻把握我国发展面临的新课题新矛盾。必须推进社会体制改革，扩大公共服务，完善社会管理，促进社会公平正义”，并正式提出“建立健全党委领导、政府负责、社会协同、公众参与的社会管理格局”。十七大报告对中国治理转型的意义重大，为中国特色的社会主义治理模式指明了方向，也为中国特色公共治理奠定了基本框架。2008 年 6 月 20 日是网络问政值得纪念的日子。时任中共中央总书记的胡锦涛通过人民网与网友在线交流。他说：“互联网已成为思想文化信息的集散地和社会舆论的放大器，我们要充分认识以互联网为代表的新兴媒体的社会影响力，高度重视互联网的建设、运用、管理。”他还高度肯定了互联网的重要政治角色，指出互联网是我们“做事情、做决策，了解民情、汇聚民智的一个重要渠道”。

2009 年年底，中共中央政法委将社会管理创新与社会矛盾化解和公正廉洁执法列为“三项重点工作”。社会管理创新成为中国社会建设的重要内涵，也正式成为中国共产党和政府的一项重点工作。2010 年，以中共十七届五中全会为标志，中国从“以经济建设为中心”逐步迈入了“以社会管理为中心”的新的历史发展时期，核心目的是解决社会的主要矛盾。中共十七届五中全会通过的《关于制定十二五规划的建议》也明确指出了“加强社会管理能力建设，创新社会管理机制，切实维护社会和谐稳定”，并在“加强和创新社会管理”一节中提出了一些具体的要求，“按照健全党委领导、政府负责、社会协同、公众参与的社会管理格局的要求，加强社会管理法律、体制、能力建设。发挥群众组织和社会组织作用，提高城乡社区自治和服务功能，形成社会管理和服务合力”。这为社会治理创新确定了基本方针，并提供了一些切实可行的对策。《关于制定十二五规划的建议》制定的《“十二五”规划纲要》第一次将社会管理内容单独成篇，并将社会治理进一步细化，在第 9 篇中以“标本兼治，加强和创新社会管理”为题，从五个方面全面阐述了加强和创新社会管理的内容：“坚持多方参与、共同治理、统筹兼顾、动态协调的原则，完善社会管理格局，创新社会管理机制，形成社会管理和服务合力。按照健全党委领导、政府负责、社会协同、公众参与的社会管理格局的要求，加强社会管理法律、体制、能力建设。坚持党委的领导核心作用，总揽全局、把握方向、整合力量、统筹各方，提高引领社会、组织社会、管理社会、服务社会的能力。发挥政府的主导作用，强化社会管理和公共服务职能，建设服务型政府，提高服务型管理能力。发挥人民团体、基层自治组织、各类社会组织和企业事业单位的协同作用，推进社会管理的规范化、专业化、社会化。广泛动员和组织群众依法有序参与社会管理，培养公民意识，履行公民义务，实现自我管理、自我服务、自我发展。”这为当前社会治理改革和创新指明了方向，确定了基本的路线。

2011 年 2 月 19 日，省部级主要领导开始在北京集体学习社会管理，胡锦涛在社会管理及其创新专题研讨班开班式上提出八点意见，再次强调了社会治理创新，要求针对当前社会管理中的突出问题，着重研究加强和创新社会管理。强调加强和创新社会管理是实现党和国家长治久安的重大战略，要扎扎实实提高社会管理科学化水平。2011 年 7 月 5 日，中共中央、国务院印发了《关于加强和创新社会管理的意见》，进一步明确了加强和创新社会管理的基本原则、目标任务和主要措施。在《中国共产党第十八届中央委员会第三次全体会议公报》中“治理”一词出现了 9 次，在随后发布的《中共中央关于全面深化改革若干重大问题的决定》中“治理”一词出现了 24 次。可以看出，中国共产党和政府高度重视社会治理创新，根据经济社会的发展和经济体制改革的需要，不断改革社会管理的体制机制，调整社会管理的方式方法，为我国的治理发展指明了方向。中国政治发展和政治文明进程也为微博参与社会治理提供了良好的政治氛围和适宜的发展环境。

第四节 治理主体的发展

人是社会治理的主体，治理主体的全面发展、治理意识和能力的提升是公共治理的基础。健全和完善党委领导、政府负责、社会协同、公众参与的社会管理格局，需要发挥党委、政府、社会、公众等多方面的合力，需要不断提高各级党委和政府引导社会治理，社会组织、社会公众参与社会治理的能力和水平。政府的职能转型和执政改革、民间组织的壮大和发展、社会公众的素质提升和全面发展使微博参与社会治理成为必要和可能。

近些年来，除政府之外，其他治理主体也在不断发展壮大，体现出参与社会治理的潜力和能力，社会组织得到了一定的发展，公众的素质不断提升，都为这些治理主体参与社会治理奠定了基础。

一　民间组织的发展

民间组织指非政府的、非营利性的，致力于公益事业的组织。在人类历史上，各类民间组织扮演着重要角色，在促进经济、社会和人的全面发展中发挥了积极作用。民间组织的服务涉及社会生活的各个领域，代表着社会中不同层次、不同阶层、不同团体的利益，在参与政治决策、推进决策实施、关怀弱势群体、促进社会公平正义、提供社会服务、建设社会信任体系等方面具有不可替代的功能，是构建社会主义和谐社会的重要力量。在社会管理中，民间组织具有不可替代的功能，民间组织担负着关怀弱势群体、促进社会公平正义的使命，具有社会动员和社会倡导的“天赋”，也是高效率提供社会服务的主体，是社会信任体系中最积极的推动力量。民间组织具有非政府性、非营利性（公益性）、相对独立性、自愿性的特征，明显地区别于政府机关和企业组织，使其能够有效弥补市场失灵和政府失灵而引发的各种社会问题，有效化解社会风险。民间组织的民间性和草根性使其更贴近服务对象，更了解平民百姓的需求，能够更灵活地作出反应和行动，满足公众多样化的需求；非营利性使其不受政治经济权力的约束，更客观公正权威，也更容易得到公众的信任；民间组织倡导的慈善精神使其能够更多地关注弱势人群的生活与生存状况，其采取的救助行动有利于减少和改善贫困与不平等现象，缓解和解决社会不公等问题；民间组织的公益性和自愿精神能够使更多的人参与和关注公共生活，能够整合与动员各种社会资源，形成强大的社会资本，促进社会问题的有效解决。

在政治领域，民间组织是政府与公众沟通的中介。民间组织能发挥整合作用，将社会零散个人意志聚合起来形成“公意”，促进决策的民主化和科学化。民间组织在缓冲政府与社会成员的矛盾、减少社会冲突、调节和整合不同群体的利益诉求、维护社会秩序和社会稳定等方面起着十分重要的作用。民间组织作为政府和公民之间的桥梁和纽带，是上情下达、下情上报的中介，能够缓和各层次不同群体间的利益冲突，促进社会团结，有效预防社会矛盾的发生。民间组织所积极倡导的诸如参与、互惠、友爱、信任、宽容、多元、合作、开放、公正等价值与理念，对于维护良好的政治秩序和弘扬参与精神具有重要的作用。

在经济生活方面，社会组织通过积极参与各类经济活动，提供就业机会，规范行业行为，促进经济发展，在维护市场秩序中发挥了不可替代的作用。在社会领域，民间组织扮演着社会“安全阀”的角色，民间组织的自治性、民间性、广泛性等特点及其社会中介地位，使其可发挥规范社会行为、缓解社会矛盾、维护社会稳定的作用。社会组织由于其所独具的社会性、整合性、广泛性等特质，能够敏感及时发现社会冲突，有助于危机的及时地发现和处理，从而弱化社会矛盾。在社会公益方面，社会组织一直承担着扶贫济困的重任。民间组织能够动员社会力量，以提供资金、技术和信息等方式，有效整合和利用社会资源，实施社会互济互助，增进社会福利，缓解社会矛盾。社会组织在社会救助方面能够维护弱势群体的利益，缓和社会差距，“在保护生态、改善环境和维护社会治安、促进社会和谐方面作用巨大。在文化方面，社会组织有助于塑造民间规范，维护社会团结”[①]；民间组织能够对社会群体、公众的行为进行规范、约束和指导，丰富人民群众的文化生活，改善社会风气。

民间组织的迅速发展使微博参与社会治理成为可能。新中国成立后的很长一段时间内，民间组织受到了很大的约束。1978 年改革开放以前，在“全能型”政府管理下，国家高度垄断着社会管理权力，民间组织和社会公众被排斥在社会管理之外。改革开放之后，民间组织经历了从无到有、从盲目到自觉、从感性到理性的发展过程。正是基于民间组织的重要功能以及党和政府对社会贡献的认识，民间组织逐渐被政府和

① 俞可平：《走向官民共治的社会治理》，《领导科学》2011 年第 11 期。

公众普遍接受。改革开放后政府治理转型和职能转变，为民间组织的发展提供了宽松的政治框架。随着政治经济改革的不断深化，国家逐渐退出了“市场”，市场上的民间组织和各种非政府组织日益发展壮大，并活跃起来。经济的繁荣为各种非政府组织的建立和活动创造了必要的经济条件和强有力的资金支持。社会经济的发展“提高了个人可支配性收入，也为社团组织的发展提供了重要的志愿者与非营利性资源”[①]。在文化方面，民众继承了传统文化中互助友爱的精神，乐意帮助他人，这也为民间组织发展提供了良好的文化氛围。进入21世纪，民间组织获得了新的发展。中国加入WTO为非政府组织的发展带来了新的机遇。“中国对外开放的深入使得境外的知识、信息、资金源源不断地进入社会领域，为非政府组织开辟了一个新的资源空间和资源获取渠道，也为非政府组织提供了前所未有的生存资源和发展机会”[②]。国内的民间组织在受到了国际民间组织的竞争冲击的同时，也拓宽了中国非政府组织的国际视野，推动了中国民间组织的发展和完善。海外竞争者的竞争合作对中国非政府组织的能力建设提出更高要求，促进了中国民间组织的国际化和规范化。

目前，民间组织也取得了长足的发展。中国的社会组织数量快速增长，遍布城乡，涉及社会生活各个领域，初步形成了门类齐全、层次有别、覆盖广泛的社会组织体系。据统计，截至2011年5月，正式登记的社会组织有45万个，备案的社区组织有25万个，实际存在的有300万个左右。年均增长率为8%—10%[③]。这些民间组织几乎覆盖了社会的各个方面：科技、教育、文化、卫生、劳动、民政、体育、环保、法律、慈善等公益领域及中介、工商服务，初步形成体系。仅6万多个行业协会就联系企业会员2000多万家，4万多个学术团体联系专家学者500多万人次，专业协会联系1000多万家。各类社会组织的经济实力也开始显著增强。据统

① 林美萍：《善治视野下非政府组织发展的境遇与理路》，《内蒙古农业大学学报》（社会科学版）2010年第12期。

② 同上。

③ 俞可平：《走向官民共治的社会治理》，《南方都市报》2011年5月8日。

计，到2014年为止，社会组织拥有固定资产1089亿元，年收入约1247亿元。这只是大概的一个统计，实际上应当远远大于这些数字①。

民间组织体现了参与社会治理的潜力，在解决社会问题上贡献明显。比如希望工程、春蕾计划、幸福工程、安康计划、微笑列车、新长城计划、免费午餐等众多公益项目，都是中国青少年发展基金会、红十字会、中华慈善总会、中国扶贫基金等民间组织通过积极反映民众诉求，动员社会资源向农村、偏远地区、弱势群体流动，从而解决了大量贫困人口生存、教育、医疗等实际困难，缓解了社会矛盾，解决了社会问题。在社会倡导方面，民间环保组织走在前列，自然之友、地球村等民间组织在保护生态环境、建设节约型社会等领域，积极倡导新的价值理念和生活方式，作用显著②。民间组织的重要作用和迅速发展以及它们对微博的熟练运用都证明微博参与社会治理是有必要的，也是有可能的。

二 公民参与意识和能力的提升

公众是社会治理中数量最大、分布最广泛，也是最具智慧的治理主体，也是公共治理的群众基础。社会治理有赖于公民自愿的合作和主动的政治参与。公民参与意识和参与能力直接决定了公民参与社会治理的深度和广度。但是不可否认，当前中国民众的参与意识和参政能力在显著增强。改革开放之后，随着社会政治、经济文化的发展，教育文化事业不断普及，政治氛围日益宽松，个人的自主自由意识不断加强，公民素质也在不断提升。随着民主观念的深入和社会的日益开放，公民的参与机会越来越多，参与热情越来越高，公民参与的文化正在逐步形成。随着政治文明的发展，社会法治建设加速，公众民主治国的理想普遍确立，民众的自主精神得到倡扬，自治机制得到培育，自主自治社会风尚逐渐形成。民众也积极主动地参与政治和社会事务，主要表现为：公民对政府进行批评和监督；公民积极参与人大代表的竞选；公众参加各种听证会；公民参与宪法

① 俞可平：《营造官民共治的社会治理新格局》，《北京日报》2011年6月14日。

② 赵黎明、贺福安：《非政府组织在我国社会保障建设中的作用》，《青年与社会》2010年第3期。

的修改。同时，参政渠道呈现多样化和制度化，我们国家积极建立和完善“公民旁听人大会议制度、舆论参与和监督制度、专家咨询制度、民意测验制度等”①。在互联网出现后，公众借助互联网获取信息更加方便快捷，公众的知情权、表达权、参与权和监督权等新四权得到进一步的完善，公民的素质得到了进一步的提升。由于网络的廉价、易得、匿名、交互传播等特征，使越来越多的人选择互联网作为民意表达和参与的渠道。在自由、开放、匿名的互联网上，公众享有充分的言论自由，可以自由表达自身的利益和诉求及对政府的批评或建议，共同发现与解决社会问题。

公民意识的提升使越来越多的人产生了强烈的参与社会治理的意识，使越来越多的人主动参与社会治理。而公众的素质和参与能力的提升使公众利用微博参与社会治理成为可能。微博低门槛、方便快捷、交叉网络的传播特性使公众在社会治理中如鱼得水。

第五节　微博的发展

虽然随着治理主体的发展，治理主体的参与意识和能力不断提升，但却有一个瓶颈无法突破，那就是缺乏联系治理主体之间的高效的信息沟通渠道。长久以来，公众参与意识的增强与信息渠道匮乏以及参与平台缺失之间一直存在不可调和的矛盾。公共治理理论强调多元治理主体之间充分的信息沟通、协商合作和广泛参与，这就需要发达的获知信息和政治参与渠道。满足知情权是公众参与政治的前提。公众只有在获知充分信息的基础上，才有可能理性有效地参与社会治理。在当今信息时代，信息和知识成为宝贵的社会资源，公众的信息需求越来越强烈。但是，受制于主客观因素，中国信息公开并不彻底，公众获取政务信息仍然存在种种障碍，这就使公众的参与流于表面或者只是形式。

在社会治理中，寻找一种高效便捷自由的信息沟通渠道显得尤为重

① 郑代良：《论国家与社会公共事务合作治理模式》，《湖南科技学院学报》2008 年第 29 期。

要。互联网的诞生可谓雪中送炭。互联网是自由开放的信息传播网络，任何组织和公众都可以接触和使用。互联网为公众表达民意、参与政治、经济和社会生活，提供了一个方便快捷的平台。互联网技术日益成为一种新的治理工具。互联网技术正在深刻地改变着社会治理的理念、方式，推动着治理的转型。互联网时代，党和政府的领导方式、民间组织和公众的政治参与方式都在发生深刻变革。“网络空间与公共领域概念的核心内涵和内在机理有某些共同点。”①

微博诞生后，信息传播的速度和效率进一步提升。由于微博零门槛的准入和即时便捷的传播方式、多样丰富的传播渠道，使公众利用微博参与社会治理成为可能。微博掀起了网络时代的另一场交流革命。微博架起了政府与社会组织、公民彼此之间的相互沟通和对话的虚拟桥梁②，推动了公民与政府的直接对话与信息的双向互动。微博的发展进一步改变了“中国的舆论生产和传播格局；微博意见成为新闻健康和跟踪发布消息的重要来源和信息集散地；微博已经成为新闻发布和信息传播的新渠道”③。

微博在社会治理中的重要性日益凸显，并成为政府主导社会治理和其他治理主体参与社会治理的重要工具。对政府而言，微博有助于政府监测环境、了解民情和听取民意。政府机构开设的政务微博已经成为监测环境、了解民意、汇集民智和官民沟通互动的重要平台；微博舆情作为社会舆情在微博上影射，最直接、最快速地反映了各个层面、各个领域的社会舆情与发展状况。微博便捷、简短的信息传播方式，搭建了官民沟通和对话的新路径和新平台。政府需要征询民意以辅助科学决策。微博能够集思广益，吸取全党和人民群众的智慧，促进决策的科学化、准确性和有效性，而且能够使决策获得广泛的社会认同和取得较为深刻的社会理解④，为决策实施减少阻力。政府通过微博的评论或私信功能，与网民展开交流，收集他们的意见和建议，了解民情、征询民意、汇集民

---

① 杨吉、张解放：《在线革命：网络空间的权利表达与正义实现》，清华大学出版社 2013 年版，第 87 页。

② 张业超、石佑启：《现代公共行政发展探析》，《江汉论坛》2003 年第 12 期。

③ 邹建华：《微博时代的新闻发布和舆论引导》，中共中央党校出版社 2012 年版，第 7 页。

④ 陈文胜：《“微博问政”与党的执政方式创新》，《兰州学刊》2011 年第 12 期。

智，及时发现和解决问题。微博有利于政府倾听群众的真实心声，吸取各方意见，提高工作效率，促进决策的科学化、民主化，最大限度地减少决策失误、解决社会问题、化解社会矛盾、促进社会公正，最终促进社会的良好治理。

微博有助于政府政务公开、接受监督和舆论引导。互联网是电子政务的重要平台，也已成为政府发布信息的新平台。政务微博有助于"畅通官民对话渠道，拉近官民距离，塑造政府机构的亲民形象，提升政府的公信力"[①]。政府部门可以通过微博主动发布信息，第一时间对突发事件进行舆论引导，改善舆情环境。微博的兴起加快了政府政务公开的步伐，政府通过官方微博政务公开，主动发布新政策、新法规，表达态度和观点，或是"与百姓生活密切相关的信息，或是相关政府部门的职能、联系方式和办事流程等信息"[②]。微博可以促进公众监督，保证决策过程的科学、规范、合法。微博使得中国社会又多了一个"新监察部门"，让权力在阳光下运行。借助微博，政府接受网民和社会公众全方位监督，有助于改进工作作风，提升工作实效。微博还具备舆论引导的重要功能，具有即时、广泛、互动的传播优势，影响面广，影响力大，是舆论沟通和引导工作的重要工具。

对公民而言，微博是获取信息、表达民意和政治参与、舆论监督的重要工具。微博上海量多元的信息正在不断提升公众的素质，增强公众的组织参与意识和能力。微博能够满足公众的知情权。知情权是公民权利的重要组成部分，只有知情才能表达和参与。互联网因其技术上的优势，为公民获取信息和政治参与提供了方便、快捷、安全、多元的渠道。通过微博，公众可以了解涉及许多诸如基础设施改造、政府政策、公共交通、社会治安等利益攸关的民生问题。微博为公民的民意表达、政治参与提供了全新的手段和渠道，是政民网络互动的重要平台[③]。微博的便捷性、透明性以及互动性使得群众有机会表达民意诉求，阐发政策理解，提出不同意

① 陈潭：《微博问政考验公共治理水平》，《中国社会科学报》2011 年 8 月 11 日。

② 高坤：《官方微博在社会管理中的应用与思考》，《青年记者》2012 年第 8 期。

③ 陈潭：《微博问政考验公共治理水平》，《中国社会科学报》2011 年 8 月 11 日。

见，表明自身立场，为政府工作建言献策。微博成本相对低廉，操作简单，更新迅速，参与方法极为便利，从而激发和提升了公民参与治理的兴趣和热情。微博超越了传统政治表达和参与方式，民众借助于微博“足不出户就可以介入政治过程，参与政治决策，输入政治意愿，进行利益表达，甚至可以随时随地就某项公共事务或政治事件发表意见，进行网上投票，参与网上讨论和协商”①，从而促进社会问题的发现和解决。借助于微博，人们的政治参与热情得以激发。微博更为公共监督提供了新途径。借助于微博，公民可以对决策的制定和实施进行及时的监督，保证权力运行的科学规范，并维护公共利益。微博通过“围观”等方式推动公民行动，促进社会问题的治理。微博作为公民参政议政的新方式和新载体，在民意表达、政治参与、官民互动和舆论监督等方面，具有无可比拟的优势。

在网络问政之后，微博问政受到不少国家的重视，微博广受世界政要推崇。早在2008年，奥巴马就建立了微博账户吸引选民投票和捐款，重视用微博（Twitter）与民众沟通，奥巴马也因此被称为第一个网络总统。其他西方国家总统也在积极利用微博。微博不仅成为他们宣扬党派理念、民生政策、外交事务的“扬声器”，收集信息、答疑解惑、引导舆论的“校音器”，也担当了争取选票、抵制异见、维护稳定的“稳压器”②。在中国，微博在社会治理中的重要功能也日益被政府、民间组织、微博平台所认识，各级党委、政府和社会机构也都创建诸如政务、警务、统战、民生等各类政务微博。新华网、人民网、凤凰网、财经网等知名媒体网站都开通了微博。一些知名网络意见领袖的主要“活动阵地”也转向微博。可以说，2005年是博客元年，2007年是“网络公民崛起之年”，2008年是“网络问政元年”，2009年是舆情迅猛发展的一年，2010年是“微博元年”，2012年则是政务微博普及年。由中国传媒大学网络舆情（口碑）研究所撰写的《2010中国网络舆情指数年度报告》显示，微博一跃成为继新闻、论坛之后的中国互联网第三大舆情源，成为互联网发展史上的里程碑。

政务微博狂飙突进。随着微博对中国社会的影响力日益增强，微博逐

① 陈杰、叶战备、黄信瑜：《善治视角下的网络政治参与》，《浙江社会科学》2010年第4期。
② 陈潭：《微博问政考验公共治理水平》，《中国社会科学报》2011年8月11日。

渐引起各级政府部门的重视，大量的政府机构、政府官员纷纷入驻微博。2009年下半年，湖南桃源县官方微博“桃源网”开通，成为中国最早开通微博的政府部门。紧接着第一个省级官方微博“微博云南”开通[①]。在2010年全国“两会”前夕，新疆维吾尔自治区党委书记张春贤实名开通腾讯微博，受到网民追捧，这是最高级别的官员开设的微博。在张春贤之前，浙江省委常委、组织部部长蔡奇是职务最高的微博开通者，“粉丝”超过万人。在他的带动下，浙江一些干部也先后有了网上微博。政务微博的种类和数量迅速增加。截至2011年11月初，通过新浪微博认证的政府机构及官员微博已经达到19104家，覆盖了全国34个省、自治区、直辖市及特别行政区。一年后，截止到2012年10月31日，人民网舆情监测室就发现新浪微博中有34539个党政机构和25525个公务人员微博。截至2013年10月底，新浪平台上的政务微博有100151个。相比2012年同期增长4万余个，增长率超过60%，保持了较高的发展速度。在10万个政务微博账号中包含24270个政法微博账号，其中包括17279个政法机构微博以及6991个政法官员微博。截至2011年12月10日，在新浪网、腾讯网、人民网、新华网四家微博客网站上认证的政务微博总数为50561个。截至2012年年底，我国政务微博账号数量已经超过17万个，与2011年年底相比增长近2.5倍。2013年是我国中央部委微博大发展的一年。据统计，截至2013年12月，共有77家中央部门或其直属机构在新浪开通政务微博。中国人民银行、国资委、国土资源部、证监会、保监会、中科院等一批“国字头”官方微博陆续开通[②]。截至2014年6月26日，新浪微博平台认证的政务微博达到119169个。政务微博的覆盖面越来越广泛，并呈现出集群化的趋势。“在新浪微博政务厅的展示页上，1.7万多个政务微博涉及政府、公安、交通、司法、环保、质检监察、旅游、工商税务、招商等多个领域，几乎涵盖了我国经济社会的各个领域的政府部门”[③]。

微博在社会治理方面的作用也不负众望。在实践中，微博在社会治理

① 文艳：《“微博问政”现状分析及对策研究》，《中国电力教育》2012年第15期。

② 人民网舆情监测室：《2013年新浪政务微博研究报告》，2013年12月。

③ 人民网舆情监测室：《2014年上半年新浪政务微博报告》，2014年。

中扮演了重要角色。微博在反腐、治安、公共服务、社会公益等方面发挥的作用有目共睹。舟曲泥石流灾害、“李刚门”、唐骏“学历门”“微博打拐”、雷政富事件、微博寻亲等一系列社会事件中，微博在社会治理方面的作用展露无遗。江西宜黄拆迁，微博的影响力发挥得淋漓尽致。以微博直播的方式介入并推动事件的发展，让人们见识了微博直接参与公共事件的神奇，开启了网络直播的新时代。

微博“两会”蔚然成风。从2010年开始，微博在“两会”中大放异彩，成为联系“两会”代表和民众的纽带。在全国“两会”和地方“两会”前夕，代表和委员们纷纷注册微博与网民互动，听取网民的意见，征集网民提议。在2010年春天的“两会”中，代表通过微博及时将会议情况和表决结果传出会场。媒体记者通过微博及时发布新闻信息，“直播”“两会”；网友通过微博表达民意、提出建议，供有关部门和“两会”代表参考。通过微博搭建无形而便捷的沟通桥梁，人们不分会内会外，在互动中畅所欲言，即时交流，汇集观点，合流意见，凝聚共识。由此，网友不必当代表委员即可参政议政，不用做记者即可获知最新消息，首次对这种国家层面的重要会议“身临其境”。自此之后，微博“两会”成为潮流，地方纷纷效仿，出现了厦门“两会”上的“微谈两会”、南昌“两会”上的“议政互动微博群”、广东的政协委员微博“直播”政府工作报告、武汉的“两会微访谈”。微博“两会”从首都走向地方。

微博打拐初见成效。微博打拐是微博参与社会治理的典型案例。2011年1月25日，中国社会科学院学者于建嵘教授发出了“随手拍照解救乞讨儿童”微博，协助警方、民政部解救帮助乞讨流浪儿童。他在微博中呼吁：“见疑似被拐乞讨儿童，先报警！再拍照，注时间地点发微博并@本账号。随手救助，全民打拐！”该微博经热心网友不断转发，并吸引了传统媒体的跟进与关注，引起极大的社会反响，得到公安部和各地方公安微博、民政部门等的明确支持，取得了良好的社会治理效果。解救拐卖儿童是一个典型的由行政部门所主导的链条繁多、工作繁重、成本巨大的社会治理系统工作。在微博打拐中，“代表民意的人大代表与政协委员、具备专业知识的大学教授、拥有众多粉丝的娱乐明星、行使公权力的公安机关、掌握话语权的大众媒体、持有雄厚资金的企业家、具有行动经验的社会组织、聚沙成塔的普通网友通过微博参与其中，从而使得政府单一的社会治理逐渐演变成一种多中心的开放式治理”[①]，治理方式更加科学，治理成本下降，治理效率提升。

微博公益大显身手。2012 年 5 月 16 日，中华社会救助基金会与著名调查记者邓飞签订了关于共同合作设立“微博打拐公益基金”的协议。2013 年 6 月，由于“女童保护”项目的并入，两个项目合二为一，组成“儿童安全公益基金”。儿童安全公益基金下设两个项目：微博打拐项目以“救助、关爱被拐妇女儿童”为宗旨，致力于遏制拐卖犯罪；女童保护项目以“普及、提高女童防范意识”为宗旨，致力于保护女童，远离性侵害[②]。二者的结合进一步增强了微博打拐的影响力。微博打拐因此也成为微博参与社会治理的成功案例，引起很多热心公益人士和公益组织效仿。从微博打拐开始，越来越多的公益组织进驻微博，利用微博开展行动，取得了良好的社会治理效果。

警务微博保平安。公安微博在维持社会治安、促进社会和谐稳定中扮演了重要角色。微博平台搭建了方便及时的警务公开平台，提升了公安机关及民警对社会问题和公众需求的回应力。公安微博通过公布权威信息，及时引导舆情，维持了社会稳定。公安微博在信息发布、警情通报、安全常识推广等常规工作领域中服务于群众，也多次在突发事件中大显身手。2010 年 6 月，广州市发生枪击事件，“广州公安”全程直播，第一时间准确发布公安机关的权威消息，有效遏止了不实信息的传播。亚运期间，网民误传“广州有人专门杀人取内脏器官”，微博号“平安南粤”很快予以关注并回复“转发广州公安”处理，及时加以澄清[③]。微博号“北京平安”在微博上发布科普知识，破解了网络谣言。轰动一时的浙江省温州市“钱云会案”在网络发酵时，乐清警方很快就注册了微博“平安乐清”，第一时间公布该事件的进展，化解了网络危机。

① 屈涛：《新媒体在公共行政实践中的运用：以公安微博为例》，《东南传播》2011 年第 5 期。

② 舒迪、顾磊：《一切为了孩子的笑容……》，《人民政协报》2014 年 6 月 3 日第 9 版。

③ 屈涛：《新媒体在公共行政实践中的运用：以公安微博为例》，《东南传播》2011 年第 5 期。

在微博技术支撑方面，微博运营商也意识到微博在社会治理方面的功能，并有意识地增强和完善微博参与社会治理方面的功能。新浪公司 CEO 曹国伟指出："微博在改变内容创造和传播方式、改变企业与消费者的沟通方式等之外，更加能够改变社会管理方式"，肯定了微博在创新社会治理中的作用。新浪网执行副总裁、总编辑陈彤认为微博"在平台推动下，政务微博在开始从以信息发布为主的'微博问政'走向利用微博实现社会服务的'微博行政'趋势"。在平台建设上，微博也在向社会治理方面倾斜，加强社会治理功能。新浪微博还开通了政府微博周刊，开设热门政府活动、热点事件推荐、政府微博风云榜周榜、本周新开重点机构等专栏，及时更新，实效迅速[①]。2011 年的"两会"期间，各大网站开设了微博互动栏目，如新浪网的"微博问策""两会微愿景"等互动栏目、网易的"建言十二五""对话地方领导"等互动栏目、腾讯的"我有问题问主席""两会微心愿"等栏目、凤凰网的"我喜欢的提案议案""向部委建言"等栏目[②]。

学界也意识到微博在社会治理中担任了重要角色，在微博学术研究上积极跟进。学界、业界、司法界合作开展了形式多样的学术交流和研讨。2011 年 8 月 25 日，由人民网、腾讯网联合举办的首届"政务微博与社会管理创新高峰论坛"在浙江杭州举行，探讨政务微博与社会管理创新的密切联系，总结和推广政务机构与官员应用微博的新思路、新经验。在该论坛上，人民网舆情观察室发布了《微博政民互动典型案例分析报告》，腾讯发布了《政务微博地图》。2011 年 12 月，10 名传媒学者、100 名政法界微博先锋云集北京，出席由正义网与腾讯微博主办的首届"政法微博与社会管理创新"峰会。围绕"政法信息微博公开现状及问题""突发政法舆情微博应对机制探讨""政法官员微博内容规范问题""微博问政与社会管理创新"等多个议题进行了深入探讨。正义网传媒研究院组织了 30 多位舆情分析师和来自政法学界、传播学界等多个领域的专家，以腾讯微博为主要数据来源，发布了《政法类微博影响力报告》2.0 版，试图客观反映

① 文艳：《"微博问政"现状分析及对策研究》，《中国电力教育》2012 年第 15 期。

② 刘景东：《从公共领域建设看微博参政》，《中国信息界》2011 年第 9 期。

政法类微博的网络生态，重点推介政法机关在微博运营和管理等方面的先进经验，遴选政法官员在微博上的典型做法，为各级政法机关决策者、管理者提供更多可以借鉴的参考案例和实践样本。2012 年 12 月 8 日，由检察日报社正义网主办的“政法微博与社会管理创新”峰会再次在北京开幕。以“微通民意，法聚共识”为主题，邀请了十余位业界知名专家、100 余位政法界微博代表，共同探讨政法微博如何“织出公信，赢得民心”①。

截至 2015 年 7 月，在中国期刊网上，以“微博 + 社会治理”为关键词搜索，共有 1 万余篇文献，以“微博 + 社会治理”为主题进行搜索，也有 500 余篇直接相关文献，含博士论文、硕士论文以及学术期刊上发表的论文，证明微博参与社会治理的功能、价值、路径，受到了学界和研究界的充分重视。微博参与社会治理已经成为一个受到广泛关注的研究主题和领域。

微博的迅速发展，政府和业界的迅速跟进，都证明微博参与社会治理既有必要，也有可能。微博参与社会治理成为不可逆转的潮流，微博参与社会治理顺理成章、水到渠成。在可能和必要的基础上，我们需要思考和建构微博参与社会治理的机制。

---

① 吴平、高鑫：《第二届“政法微博与社会管理创新”峰会在京开幕》，正义网，2012 年 12 月 8 日。

第四章

微博参与社会治理的模型

进入21世纪后，人类已经进入了一个高度风险的社会。中国也正处于一个社会矛盾多发和社会问题凸显的转型时期，环境风险和社会风险相互交织，引发种种危机，国家权威和社会秩序受到冲击，新的形势对社会治理提出了新的要求。2011年2月19日，胡锦涛要求着重研究加强和创新社会管理。现代社会是一个媒介化的社会，社会风险的出现、发展、规避以及治理都被打上传播的烙印，尤其是近年来迅速发展的微博日益展示出巨大的社会影响力，深刻地改变着社会舆论环境，给社会治理带来前所未有的机遇和挑战。2010年年底，《人民日报》刊文《微博给力社会治理》，充分肯定了微博参与社会治理的职能。2011年，微博超越论坛成为继新闻媒体之后的中国互联网第二大舆情源①。微博正在成为政府与民众之间的桥梁，“微博110”、交警微博、公安微博等警务微博已经从理念走向实效。微博舆情日益在政府决策中扮演重要角色，政府官员开微博已成潮流。微博成为政府问计于民、问政于民的重要方式，同时也成为公众表达诉求、进行政治参与的重要渠道。微博体现出强烈的参与社会治理的潜力，改变着传统的社会治理理念和治理方式。现代民主国家的社会治理是服务行政

① 据中国传媒大学网络舆情（口碑）研究所2011年7月18日发布的《2011上半年中国网络舆情指数年度报告》。

和公共治理，突出以服务为核心的行政精神和价值观念，把公平正义、公共责任、公民参与等作为核心价值诉求[①]，最终通过广泛的对话和公民参与来实现“善治”的目标。中国特色社会主义公共治理结构是党委领导、政府负责、社会协同、公众参与的四位一体的结构[②]，微博正在成为联系各个主体的桥梁和纽带。本章采用一个简单模型来阐述微博在当代社会治理中的角色，并从政府、公众、民间组织等三个方面探析微博在社会治理中的运作机制。

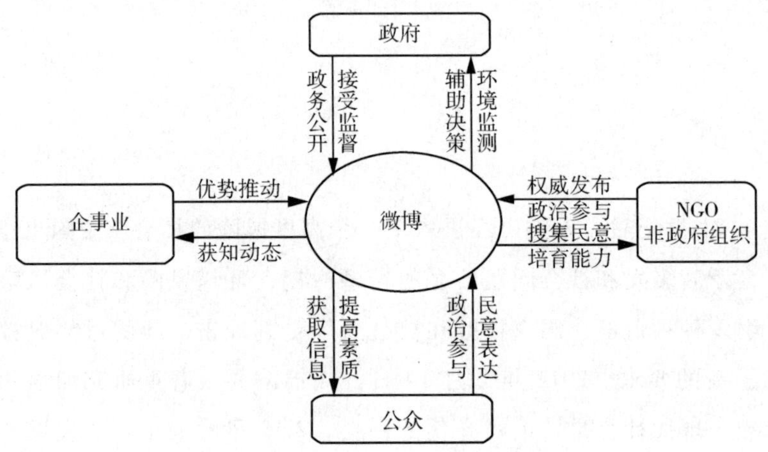

图 4－1　微博参与社会治理的模型

第一节　党政机关利用微博主导社会治理

党政机关是社会治理的主导者，要利用微博占据社会治理的主动权和领导权。政府要加强微博参与社会治理的机制和体制建设，使微博成为政府提升社会治理能力、改善治理方式的重要手段。

---

① 张晓红、宁小花：《服务型社会治理模式下的公共决策价值取向》，《中国行政管理》2011年第2期。

② 黄显中、何音：《公共治理结构：变迁方向与动力》，《太平洋学报》2010年第9期。

1. 环境监测和听取民意

微博因即时、交互、海量、快捷等特征，能够及时反映社会问题和社会成员的态度和情绪，形成微博舆情，帮助政府及时了解社会问题和公众诉求。政府应将微博视为了解民情、汇聚民智、化解民怨的阵地，建立长效的微博民意监测和预警制度，及时分析汇总微博信息，监测社会动态，汲取民间智慧，问计于民、问需于民、问政于民，实现科学预警，占据主动。比如政府可以监测微博上的腐败举报，发现苗头，及时处理，推进反腐工作。

2. 政务公开和提供服务

善治需要公开透明的服务型政府，要求政府及时将政务信息告知公众，并为公民提供各种方便和服务，以便公民能够有效地参与社会治理。传统政府分工细致，等级森严，解决问题耗时耗力。微博传播迅速，影响广泛，为政务公开提供了便捷、高效的网络平台。政府要建立科学规范的微博信息公开机制，建立“微博办公室”，各个职能部门配置专人在微博上协同工作，宣传法律法规和政策常识，与网民交流，及时有效地解决网民的问题。微博由于开放性，还可以让微博政务起到示范作用，供他人借鉴，激发公众参与社会建设的热情，切实提高办公效率，起到事半功倍的作用。比如政府可以利用公安微博，及时发布群体性事件的真相，平息谣言，占据主动。

3. 引导舆论和接受监督

政府应该充分发挥微博的传播力和影响力，利用微博及时发布客观、准确、权威的信息。在社会危机中，政府要通过微博普及常识，揭示真相，澄清流言，引导微博舆论，掌握舆论主导权。微博的公开、快速使其成为反腐倡廉的新手段，政府要自觉把工作置于公众的视野之内，接受公众监督。微博督促政府依法执政、执政为民，建立阳光政府、服务政府。

第二节　NGO利用微博助力社会治理

NGO（非政府组织）是社会治理的重要主体，在社会治理网络结构中不可或缺。在治理转型和政府职能转变的浪潮中，原来由政府包办的部分社会治理任务，需要有更高效的民间组织来承担。NGO 由于其权威性和公益性，更具有公信力和说服力。当前，社会转型诱发了一些新的风险和矛盾，培育 NGO，利用微博参与社会治理，完善社会治理结构，就显得尤为迫切。

1. 微博为 NGO 的培育和壮大提供了新的网络平台

微博上交叉互动的传播网络能使志同道合的热心公众形成利益集体，共享知识和信息，更加主动地参与社会治理。NGO 应该利用微博广泛快捷的优势，培育社会公共意识，强化社会公益、志愿精神，利用微博的影响力，吸引关注，加强多渠道融资，推动自身发展。比如微博公益活动“免费午餐”就利用微博获得了大量捐助，吸引了大批志愿者参与。

2. 利用微博联系公民和政府

NGO 是沟通政府与公众之间的纽带，而微博则使这种沟通更为便捷。NGO 大多是某个领域内的权威，对下，可以利用微博对公民进行培训和再教育，提高其素质和参与能力。对上，NGO 通过微博关注和讨论公共事务，汇总不同利益集团的声音和意愿，为政府的决策提供辅助和参考。在公众和政府发生不信任和冲突的时候，NGO 可以利用自身资源和权威性，疏导民情，化解矛盾，凝聚人心。在环保公益活动中，环保组织就利用微博了解环境问题，并向政府反映情况，提供专业解决方案，有助于环境保护和治理。

3. 微博是 NGO 参与社会治理的工具

政府往往没有足够手段及时化解各种社会矛盾，这就需要 NGO 挺身而出，在特定领域内贡献自己的力量。NGO 具有社会倡议和社会动员的“天赋”，其言论具有权威性和影响力，更容易获得公民的信任和认同，可以利用微博为公众提供专业领域内的权威言论，消解公众疑虑，同时以专业视野为政治决策提供参考，并监督和参与社会治理决策制定和实施过程。比如红十字会可以利用微博在政府和公众之间搭建桥梁，既帮助政府解决社会救助问题，又满足弱势群体迫切的需求，可以提升底层民众的幸福指数。

第三节 公众利用微博参与社会治理

公民参与社会治理是善治的基本特征，微博的草根性、互动性、开放性为保障公众的知情权、参与权、表达权、监督权创造了条件。而这“新四权”正是和谐社会治理的基础。

1. 提高公民素质和满足公民知情权

微博便捷、交互、低廉和易得，加速了信息和知识的自由传播，大大降低了公众获取信息和知识的成本，打破了知识垄断，能与教育机构和新闻媒体形成互补，通过点滴知识的渗透和积累提高公民素质，提升公众参与社会治理的意识和能力，推动公民更加理性、自觉地参与社会共同治理。公民可以利用微博获知信息和知识，提升自身素质，为参与社会治理奠定基础。

2. 民意表达和政治参与

社会治理依赖多元利益的充分表达。微博因廉价、易得、快捷、互动、即时等优势，为公众与政府搭建了双向沟通的桥梁，让公众获得了平等的话语权，成为公众表达民意、参与政治的高效渠道。公众应该利用微博与政府频繁互动，表达诉求，献计献策，促进政府决策的正确制定和实施，为社会治理贡献力量。在“微博两会”中，公众可以利用微博发布自己的“提案”，吸引媒体关注，供代表参考。

3. 监督权利

社会治理离不开权力的分化和制衡。微博由于匿名等特征，能够激发网民的社会正义感，发挥“草根”围观的舆论监督作用，已经成为制衡和监督权利的重要力量。公众可以利用微博监督社会治理的整个过程，推动社会治理的公开化、法治化和科学化，全程监督权力的运行机制，保障社会治理目标的实现，加快社会问题的调查、处理和解决。

第四节　企事业单位辅助社会治理

企事业单位往往实力强大、资源丰富，在社会治理中举足轻重。微博的舆论领袖大多是拥有巨大影响力的各行各业的典型代表，这些各层面的精英背后往往是强大的企事业单位，拥有大量的粉丝，应该利用自身的影响力和号召力等资源优势，通过微博发表意见和建议，将社会问题推到全国公众的面前，引发公众的持续关注，进入官方公共议程，推动社会问题的解决。媒体就是典型代表，由于现代媒体有着长期积累的权威性和公信力，在社会治理中，广播、电视、报纸的持续报道能够影响亿万观众。企事业单位和精英利用微博获知社会动态，提出对策和建议，进行广泛扩散，加速了社会问题的解决和治理。在赈灾中，企事业单位就利用微博公布捐赠信息，获知灾民需求，成为灾难善后的主要力量。

微博作为一种新的“社会权力”正在茁壮成长，使民主的形式和内容都得到极大的扩展。微博的自由性、互动性、即时性、开放性将人们带入一个广阔的参与空间，使公平、公正、社会正义等价值得以张扬。微博深刻地改变着我国的政治生态，也改变着公众的政治参与和社会治理模式，为现代民主政治和公民社会的培育提供了新的条件。在微博时代，政府、公民、民间组织要充分认识微博的功能和运作特点，利用微博创新社会治理模式，建立微博协商和参与机制，实现政党、政府、社会组织和民众等各个社会治理主体之间的衔接互动和交往合作，化解矛盾，消弭冲突，形成凝聚力和向心力，从而促进法治秩序的形成和发展，真正走向俞可平所说的“官民共治的社会治理”[①]。

① 俞可平：《走向官民共治的社会治理》，《南方都市报》2011 年 5 月 8 日。

第五章

政府利用微博主导社会治理

政府是治理国家和社会的主体，在社会治理中占据主导地位。在网络传播时代，政府的社会治理主体地位不能动摇，政府仍然应该主导社会治理，维持社会治理的秩序，只是治理的方式方法应该作出一些改变。在微博参与社会治理的过程中，政府应该更加灵活多样地利用微博平台主导社会治理，发挥微博在社会治理中的积极作用，规避不良影响，使微博更好地为社会治理服务。

在当今风险社会的诸多矛盾交叉汇集的背景下，政府应该在治理转型和职能转变的基础上，践行公开、透明、民主、合作的公共治理理念。政府作为治理的重要主体和主导者，应该充分认识和高度肯定微博在社会治理中的重要作用，提升自身微博素养，打破体制和人为因素的羁绊和屏障，积极架设沟通官民的微博“直通桥”，通过微博扩大公民的知情权、参与权、表达权和监督权，使微博成为党和政府监测环境、政务公开、吸纳民意、汇聚民智、接受监督、扩大自身影响、展示自身形象的有效工具。执政党和政府要利用好微博平台，充分发挥微博的表达、交流和引导功能，做好上情下达和下情上达，建立健全微博参与社会治理的体制机制。党政机构和官员要胸怀平等、互动、共享的公共治理精神，通过微博监测环境、公开政务、吸纳民意、引导舆论、接受监督，为党科学执政、民主执政创造良好的公众支持环境，推进社会治理的创新。

第一节　监测环境

环境包括自然环境和社会环境，是社会治理的对象。对环境的准确认知是保障治理决策科学规范、治理实践合理有效的前提。早在 20 世纪 20 年代，美国著名政论家李普曼在《公众舆论》中提出“拟态环境”的概念，认为人类借助于媒体的报道形成对客观环境的认知，而我们人类主要依赖头脑中形成的信息环境来认识客观世界，进而改造世界。如果没有对环境的准确认识，政府的治理决策和行为就会出现偏差，好的话会事倍功半，坏的话就会出现南辕北辙的现象，不但不能有效地解决社会问题，反而会火上浇油，导致社会问题的恶化。所以，对社会进行良好治理就要求政府对环境，包括自然环境和社会环境，进行全面的监测，对社会基本情况有准确的判断，进而有针对性地制定治理对策和实施治理。在社会问题和矛盾日益复杂的新媒体环境下，准确全面地认识客观世界显得尤为重要。

人们对自然环境和社会环境的认识，通过各种传播渠道集中反映出来就形成了舆情。舆情指在一定的历史阶段和社会空间内，公众对自己关心或与自身利益紧密相关的各种公共事务所持有的多种情绪、意愿、态度和意见的总和①。网络舆情就是人们通过互联网表达和传播的各种认知、态度、情绪和意见的总和。微博舆情就是人们通过微博表达出来的意见、态度和情绪的集合。微博舆情来自民间公众的意见，反映的是社会心理和社会情绪。由于微博的低门槛、零准入、简便快捷的传播特性，微博的用户群巨大，分布在社会各个角落、各个领域和各个阶层，能够充分反映社会环境的基本情况和公众的基本观念。对微博舆情进行准确和全面的监测就可以为社会治理打下良好的基础。

兼听则明，偏信则暗。中国历朝历代的统治者都重视对社会环境的监

---

① 姜胜洪：《和谐社会构建中私营企业主阶层舆情问题研究》，《广西社会科学》2008 年第 3 期。

测，主要的方式就是搜集和分析社会舆情，以此来了解民意，维护统治根基，以求长治久安。传统的社会舆情存在于民间的口头传播和文字书写中，表现为日常的街谈巷议和文学创作。传统监测环境的方式是专门从事收集民意的职官深入民间走街串巷收集信息。这需要耗费大量的人力物力。传统的通过明察暗访的民意监测机制，信息获取效率低下，样本有限而不具有代表性，在传播过程中主要借助于口耳相传的人际传播渠道，容易出现偏差，影响后续社会治理的科学性，治理效果大打折扣。媒介诞生后，媒体成为政府检测社会环境、了解社会舆情的重要工具，正如拉斯韦尔在《社会传播的结构和功能》一文中提出媒介的首要职能就是监测环境①。但是在传统媒体时代，媒介掌握在特定阶层的人群手中，并不是每个人都有表达自己的机会，反馈机制匮乏而且滞后，导致了媒体反映环境的偏差。互联网诞生后，由于互联网的匿名、便捷等特征，公众尤其是年轻网民，日益青睐使用互联网来传播信息和发表意见，从而形成了网络舆情。网络舆情的深度和广度是传统舆情监测无法比拟的。微博诞生后，微博由于匿名、廉价、易得、随意转发、交叉网络的传播特点，大大提升了信息的传播速率，改变了现行信息传递模式与组织结构，实现信息跨层级、跨区域、跨行业、跨单位的流动，打破信息封锁和信息割据，更受网民青睐。微博成为社会状况和网民意见集中呈现的平台，也成为社会客观环境和意见环境的缩影。越来越多的人选择在微博上表达意见和情绪，从而形成了微博舆情。

在微博时代，政府既要重视信息和情报部门提供的信息，也要重视微博承载的信息。由于微博匿名、便捷的传播特性，往往反映的正是社会最真实、最原始的一面，微博巨大的用户群体和广泛的分布能够反映中国社会的各个领域、各个阶层全面的情况。政府应该重视微博舆情，完善传统的舆情搜集机制，建立微博舆情监测系统和机制，成立一支专、兼职人员组成的微博舆情工作者团队，紧密关注和监控微博动态，随时了解微博用

---

① Harold D. Lasswell. “The structure and function of communication in society”, In Schramm, W. & Roberts, D. F. (1971) . *The Process and Effects of Mass Communication.* Urbana: University of Illinois Press, pp. 84 – 99.

户意见，掌握通过网络反映出来的社会动态和舆论动向，尤其是在热点问题出现的敏感时期，要对微博进行及时、全面、紧密、长期的监视和预测，了解社会的基本动向和民众的基本态度。

在微博舆情搜集的基础上，政府要建立微博危机舆情预警机制。危机预警机制是解决社会危机的第一道防线。面对微博舆情，政府应变“被动”为“主动”。政府要重视运用信息技术建立危机爆发前的知识储备系统、信息分析和评估系统以及决策咨询系统，以实现科学预警。政府要随时监控微博舆情，对微博上的风吹草动了然于胸。“政府要时刻关注网络技术的发展新动向，组织网络舆情专家与技术人员，研发微博舆情监控软件，实时收集微博舆情，对微博舆情进行全方位监控”①，关注微博民众的价值取向和主流舆论导向。政府要大力加强微博数据库建设，重视微博舆情的分析和总结，为后续舆情监控积累经验。政府可以采用各种 Web 信息自动获取、大数据技术等各种技术手段随时监控微博舆情，借助于这些新技术便捷、高效、高保真（没有人为加工）、覆盖面广的优势，全面获知社会环境的最新变动。政府要加强微博舆情监控，及时监测、预测和防范恶性网络群体性事件的发生和发展。政府要建立全方位的微博舆情监控体系，及时发现网络群体性事件的苗头，做好预警防范。

在舆情监测的基础上，政府还要建立科学的舆情评判机制，对微博舆情及时作出准确的解读与研判。由于微博言论的自由和匿名性，公众更容易发布非理性言论和流露非理性情绪，而这些虚假信息和冗余信息充斥着微博“更容易吸引人眼球。微博信息的影响通过交叉网络传播的层层转发被无限放大”②，在流转的过程中容易出现变异，产生谣言和添油加醋的成分，甚至掩盖了许多更准确、更客观、更全面的有价值的理性声音。由于微博缺乏有效的审核和制约机制，非理性和虚假的信息经过不明真相的公众的转发，往往会导致沉默的螺旋，从而出现“多数人暴政”和“少数人

① 金宁锐：《当前微博问政的现状及其问题与对策》，《辽宁医学院学报》（社会科学版）2012 年第 4 期。

② 王庆：《略论微博问政》，《江西财经大学学报》2011 年第 4 期。

专政”“造成治理权力的滥用与错用”①。在微博信息洪流中，去粗取精，去伪存真，建立科学的微博舆情评判机制显得尤为重要。政府要加强微博舆情评判，对微博信息进行科学分类梳理以便全面客观地呈现微博舆情，分析意见的结构和性质，对微博舆论环境有准确全面的认识，为社会治理提供参考。由于微博的信息量巨大，仅依靠人工的方法对微博上海量的信息进行收集和处理是不可能的，这就需要“加强相关信息技术的研究，充分利用大数据技术，形成一套自动化的微博舆情研判机制”②，借助技术力量让政府对微博舆情环境形成准确的认知。比如著名的新媒体研究专家，清华大学沈阳教授及其学术团队“数字人文和语义挖掘”和“ROST 虚拟学习团队”先后发布了多款人文社会科学分析软件，包括微博数据获取、词频分析、社交网络分析、大跨度新闻频度分析软件，发布了大量微博研究大量报告，如《2011 年政务微博年度报告》《微博意见活跃群体分析报告》《共青团微博发展报告》《公安微博运营管理办法》，发表了文章数十篇，研究对象包括企业微博、电视与微博、大学生微博、图书馆微博、海外人士微博、政务微博等，内容涉及意见领袖、微博与媒体互动、深度报道，以及微博的话语策略、关注策略、互动策略等，值得政府有关部门参考借鉴。

政府要把微博舆情作为社会意见环境在网络上再现，勇敢面对汹涌的微博民意，高度重视微博舆情的影响，评估微博舆情的价值，重视和尊重网民的呼声和利益诉求，主动回应社会关切，为后续的微博舆论引导和微博参与社会治理打下良好的信息和知识基础。

第二节　政务公开

透明性是善治的基本要素，也是善治的基本要求，透明程度越高，善

---

① 陈付龙、叶启绩：《民主模式、公共生活与公共意识》，《江西财经大学学报》2011 年第 1 期。

② 李传军：《社会治理变革中的网络舆情与网络民主》，《学习论坛》2010 年第 7 期。

治的程度也越高；而信息公开是实现透明的重要途径，也是实现善治的根本。灵通（informed）的公众是民主社会的基础。信息公开不仅可以使政府信息被有效使用，而且便于社会大众、新闻媒体监督政府施政，起到透明和公开的作用。公众只有充分了解政府意图、政府行为，才能主动、有效地参与社会的治理。“透明性要求政府的有关政治信息及时通过各种传播渠道为公民获知，以便公民能够有效地参与到治理的决策过程和实施过程中去，并且对社会治理的过程实施及时有效的监督。”① 善治要求政府信息除个人隐私、商业秘密、国家机密等不宜公开外，都应该向社会、组织、企业公开，并被合法使用。善治的责任性也强调公开政务信息是政府部门必须履行的义务。获取政务信息是公民的民主权利，不公开政务属渎职侵权。政务公开对于社会治理有百利而无一害。

政务公开是政治发展的大势所趋。政务公开是现代政治文明的重要内容。建设服务型政府就是要求政府公开政务信息，主动接受公众监督和考核，做开放式政府。政务公开不但有利于民众监督政府，而且有利于为政府落实政策法规奠定群众基础。现在社会中官民矛盾的主要原因就在于信息沟通不畅导致了民众对政府的误会。政府应该增强政务公开的透明度，及时公开相应的政务信息，消解人们心中的疑虑，切实提高政府的公信力。公众具有不可剥夺的知情权，知情权是公众的基本权利。随着经济社会的全面发展和公民意识的逐步增强，民众并不满足于只知道结果，过程对于他们而言更为重要。公民希望了解决策过程是否符合法定程序，这就要求“增强政府工作的透明度，便于民众提出建议或质询，使决策真正符合老百姓的利益”②。政府在满足用户的信息需求方面负有主要责任，政府机关应该及时向社会公布政务信息，满足公民的知情权。2007 年党的十七大报告明确提出“保障公民知情权、参与权、表达权、监督权”，并将知情权放在了其他权利之前，说明了知情权的基础性地位。

网络信息的繁杂要求政府政务公开。在媒介并不发达的时代，公众的

---

① 李景平、雷艳：《善治视域下我国反腐败中公众参与的路径选择》，《理论月刊》2012 年第 1 期。

② 宫维明：《善治视角下网络媒体的作用》，《唯实》2009 年第 2 期。

信息渠道单一，主要的信息来源是政府直接或间接控制的传统媒体，政务公开的程度很低并没有多少。随着互联网的发展，公众获取信息的渠道多样，各种新媒体自媒体迅速发展，网络的信息鱼龙混杂，泥沙俱下，公众情绪和舆论也容易被误导，出现一些伪民意。这就需要政府及时发布权威信息，引导舆论。一些网络群体性事件引发全国舆论关注，归根究底还在于信息不透明，公众有疑惑，导致信息饥渴而偏听偏信。群体性事件的主要原因就在于早期信息发布不及时、不全面，滞后的信息发布遭遇民众抵制，导致公众对政府的滞后信息产生了不信任的心理。“只有加速政府信息发布，才能实现良好的政社沟通，缓解舆论压力，创造优良的舆论环境，实现政府与公众和谐共处，维护整个社会稳定。”①

政务公开需要借助于一定的手段。在传统社会，往往借助于政府公报和官员的口头传播，渠道单一，效率低下。进入近现代后，传输渠道更加多元，媒体成为政务公开的重要手段。进入新媒体时代，互联网成为政务公开的重要渠道。随着电子政务外延的扩展和内涵的深化，政府通过官方网站、门户网站等方式进行政务公开。微博的诞生后，微博为政务公开提供了一个更加高效、便捷、廉价的发布平台，成为政务公开的绝佳选择。微博搭建起来的是一个无限广阔的平台。政府通过微博使自己的声音得到无限的放大，影响力也得到极大的增强。

政府需要建立完善微博信息发布体系和制度，践行政务公开理念。政府应该将微博视为政务公开的发布平台，利用微博便捷高效、交叉网络的传播特性，通过微博向百姓发布党和政府的最新动态，及时公布政策法规和政务信息，“宣传方针政策，阐释工作计划，公布问题处理结果，公开征求意见，大力增强自身的透明度”②，让百姓了解政府的实际状况，避免民众处于不知情状态中。只有这样，才能减少民众对政府的误解，得到民众的理解和支持。“重要政策出台后，要及时通过政务微博做好政策解释工作；对公众关注的社会热点问题，要主动在政府微博上予以回应，发布

---

① 周斌、虞谷民、李怡：《微博问政：政社互动的新模式探析》，《西南石油大学学报》（社会科学版）2012 年第 1 期。

② 宫维明：《善治视角下网络媒体的作用》，《唯实》2009 年第 2 期。

权威信息，讲清事实真相、有关政策措施以及处理结果等”①。比如，2014年12月12日，重庆市政府网的官方微博“@重庆市政府网”发布了：“#公告公示#【重庆市184家星级旅游饭店通过2014年度复核】日前，重庆市星评委对全市2013年12月31日前评定的226家一至四星级旅游饭店开展复核工作，通过复核184家，其中四星级49家、三星级109家、两星级26家，取消星级17家，延期复核14家，限期整改11家。http：//t.cn/RzTsmAK”，告知公众。

当前，我国各级政府部门已经在微博上践行信息公开理念，取得了良好的成效，应该吸取经验，继续完善微博信息公开机制。2012年9月，新浪微博平台联合上海、重庆、四川、江西、河南、吉林六省市政府机构推出政务微博办事厅之民生主题日系列活动。各地纷纷就交通出行、医疗卫生、消费维权等民生热点问题设置“服务咨询日历”，由“当日值班微博”提供实时咨询解答②。后来，有13个省（区、市）有了自己的政务微博办事厅。新浪政务微博办事厅系列活动以省（区、市）为单位，一省一站，每站将推出6至7个民生主题日，每个主题日有对口职能部门的值班微博“上岗执勤”。预示着“微博集群新模式”的诞生，而政务微博服务民生、务实应用的功能得到进一步升级。

2013年，法院“庭审微博”直播开始遍地开花。6月份上线的北京法院网官方微博@京法网事在9月份对冀中星案、北京大兴摔童案、丁书苗案、李天一等人强奸案等四个社会热点案件都进行了庭审微博播报。网友评论的多样性则促使人们对案件深入思考，对清除舆论审判压力、增强司法独立起到了一定作用。河北省法院微博发布厅正式上线于2014年5月15日，共有认证微博167个（全省共有法院190个），其中高级法院（1个）、中级人民法院（11个）全部上线。“@河北高院”是河北省高级人民法院官方微博，也是河北省法院微博发布厅中最高级别的认证微博。“@河北高院”于2013年9月27日微博播报王书金强奸故意杀人案后，引

① 姜胜洪：《和谐社会构建中私营企业主阶层舆情问题研究》，《广西社会科学》2008年第3期。

② 人民网舆情监测室：《2012年新浪政务微博报告》，2012年12月。

发社会巨大反响，随后带动了河北省内一系列司法公开的进程。借助于新媒体、多媒体等技术，“@河北高院”等司法系统微博又陆续对本单位的典型案例做出网络播报，从而有助于公众厘清案件真相，理解司法条文，同时拉近了法院与公众之间的距离。

2013年8月，济南市中院对薄熙来案的审理情况进行了微博直播，引发国内外的舆论轰动。8月22日起，“@济南中院”通过新浪官方微博发布了150多条微博、近16万字的图文，“直播”海内外高度关注的薄熙来案审理过程，数亿人得以“围观”庭审实况。“政务微博首次成为大案要案审理中唯一消息来源”①，微博发挥了不可替代的作用。作为中国首个国家级官方微博，2013年11月21日正式上线的“@最高人民法院”主要用于发布各级人民法院的重大审判信息、重要司法解释、重要新闻信息等内容，旨在推进司法公开，拓宽人民群众了解司法、参与司法、监督司法的渠道。对有关法律法规进行答记者问，“长春杀婴案”罪犯被执行死刑的消息、第五批指导性案例的具体案件情形、最高法院院长周强在一些重要活动中的讲话、曾成杰案的判决结果与答记者问等均成为网友关注“@最高人民法院”微博的焦点。

“@国资小新”是国务院国资委新闻中心官方微博，主要发布国资委及下属的国有企业动态，是国资委试水新媒体、创新政务和新闻发布的重要举措。作为国资系统信息公开的重要平台，其宗旨是“践行群众路线，共建阳光央企”，提供更多服务，实现更多沟通。网友在其微博上不仅可以看到国资监管部门的政策发布和央企公开招标等信息，还可以方便地找到113户中央企业和地方重点国有企业的网站或官方微博，微博还提供网上办事服务等项目。

“@微言教育”是教育部新闻办官方微博，于2013年1月1日正式上线。“@微言教育”是教育部新闻资讯的发布平台、服务网友的互动平台、教育形象的展示平台，在“@微言教育”日常发布的微博中，重要政策、新闻发布会微直播等部内重要信息占到半数以上。2013年1月29日，“@

① 薛丽丽：《报媒面临的危机和应对》，《青年记者》2014年第12期。

微言教育”对教育部新闻发布会“2012 年学科评估”进行首次微直播。3 月 26 日 9 时，“@微言教育”发布 2013 年研究生考试国家分数线，这是教育部首次通过微博发布研究生考试国家分数线。对于网友提出的关注度较高的问题，“@微言教育”通过评论、私信或“答问吧”栏目来回应。“@微言教育”在招生、考试、就业、开学等重要时间节点发布实用服务信息，深受网友欢迎。

“@央行微播”是中国人民银行办公厅的官方微博，其宗旨在于“传递权威资讯，解读央行政策，服务广大网友”。“@健康中国”是国家卫生和计划生育委员会的官方微博，于 2012 年 6 月 28 日正式上线。该微博说明显示：“传递政务资讯，播报行业信息，关注您的关注，聆听您的声音。在通往健康幸福的道路上，我们与您同行。”从微博内容上来看，主要有例行发布会、政策解读、新闻播报、健康知识等。

“@中国食品药品监管”是国家食品药品监督管理总局微博，主要为网友介绍食品药品监管的有关政策，发布“四品一械”（食品、药品、保健食品、化妆品、医疗器械）质量安全预警信息，解答网友所关心的食品药品安全问题。

“@公安部刑侦局”是公安部刑事侦查局官方微博，于 2014 年 2 月 13 日正式上线，上线 1 个小时内，其粉丝迅速增至万人。公安部刑侦局局长刘安成、政委杨东表示，通过此微博加强与公众的沟通，及时公布重大案件的侦破情况，定期发布警情提示和防范要领，接受处理网友举报的犯罪线索，警民联手打击犯罪，共同创建平安家园。

合肥市城市管理局发布厅是合肥城管系统于新浪微博开设的微博发布厅，于 2014 年 3 月 26 日上线，是全国首家城管系统微博发布厅。发布厅通过微博向网友公布各个区城管工作的进展状况，同时会有一些大事件的播报及突然事件的发布，各新闻发言人也可以在这一平台接受微博采访。城管局官方微博为“@文明合肥”。“@文明合肥”的微博以原创为主，原创率高达 91%。其原创内容主要集中在对合肥市各城管单位的活动上，既包括执法活动，也包括其他社会活动，此外还有部分对城管个人进行描述的微博。此类微博内容以城管正面形象为主，力求打破城管与小贩、市民间的舆论困局，创建更加和谐的城管与民众关系。

在政务公开的过程中，微博要成为政府辟谣的有力工具。“谣言止于信息公开”，当政府发现有谣言开始传播时，政府要用微博及时发布权威信息，速报实情，慎报原因，再报进展，有针对性地摆事实讲道理，及时正确地引导微博舆论导向。政府不能一味地“堵、捂、瞒”，而要通过积极的微博发言，化解矛盾，消除误会，减少网络过激行为的发生，抢占舆论制高点，主导微博话语权，延伸党和政府的宣传战线。

2013 年 4 月 20 日 8 时 2 分，四川省雅安市芦山县发生 7.0 级地震。随后，成都军区第一时间启动抗震救灾应急机制，并开设了官方救灾微博发布救援信息，认证信息为“成都军区雅安芦山抗震救灾微博”是继“@成都军区盈江救援”后军方设立的第二个救灾微博。该微博于震后 4 小时的 12：21 分发布了第一条微博，报告地震消息和军队的救灾行动，之后 3 个小时即发微博 25 条，其中涉及军队救援行动的有 21 条。6 月 8 日发布最后一条博文，称“部队救援任务顺利完成，微博使命已至”，停博致敬，50 天共计发布微博 558 条。开博期间，“@雅安芦山抗震救灾”“传递信息迅速高效，与民众互动交流，有效协助了救灾行动”①。此外，该微博还进行了针对“雅安又一辆救灾军车坠崖”这一谣言的辟谣活动。“@雅安芦山抗震救灾”发布救援信息快速高效，有效促进了部队和需救助群众对接，对公开灾情、普及自救知识、组织救援起到了重要作用。对救灾过程中产生的谣言快速辟谣，有理有据，体现了良好的舆论应对能力。后期的微博则以灾后救助自救为主，如心理咨询等，务实的文字也汇聚各界爱心、正能量，透露出人文关怀。

2014 年 4 月 4 日，一则“传闻 8 号零点成都市可能限牌”的消息在成都微博用户间流传。当天，成都市政府新闻办的微博“@成都发布”即转发“@平安成都”的微博出面辟谣；次日，“@成都发布”即发布事件调查结果，并以长微博形式详述事件起因、谣言扩散者信息、扩散动机。两条微博共获得 320 次转发、218 次评论、57 次点赞。而“@平安成都”所

① 罗中书、强静雅：《“@雅安芦山抗震救灾”的黄金 72 小时》，《军事记者》2013 年第 7 期。

发的原微博更是获得1008次转发。

2014年1月下旬，辽宁省喀左县李某在微博上散布谣言："沈阳已成为辽宁地区的第一例H7N9病毒流感患者……经专家确认是其食入的泡椒凤爪中含有大量的H7N9病毒。"1月27日，辽宁省沈阳市公安局官方微博"@沈阳市公安局"发布微博及时辟谣，并警醒公众，称："上述微博为虚假信息，李某也因违反《中华人民共和国治安管理处罚法》被警方依法予以行政拘留。"

深圳微博发布厅将微博政务公开更进一步，做到项目上马先过"微博关"。"@深圳微博发布厅"是由深圳市互联网信息办公室主导开通的信息发布平台，通过进一步整合政府新闻发布资源，发布与民生密切相关的权威信息，打通党委政府沟通民意、回应社会关切的重要渠道。截至2014年7月10日，共有55个认证机构的微博进驻"@深圳微博发布厅"。深圳微博发布厅的微博内容覆盖面广，涉及话题、领域较为宽泛。除天气提示、早安晚安问候帖等较为固定的板块以外，"@深圳微博发布厅"主要功能集中在信息发布上。各时间段发布的内容也有较为规整的安排：早晨发布天气、交通等便民信息及国内外重大事件，白天落脚在重要政务信息、民生服务举措、重大突发舆情事件信息的发布上，晚上则注重发布文化活动、励志"段子"、心灵鸡汤等"软信息"。尤其是将诸多公共事务，特别是大小项目的上马在微博平台公开发布，听取公众意见，并对相关疑问和质疑及时回应。针对突发事件，"@深圳微博发布厅"也肩负重责，发言人制度要求发布厅在突发事件发生后120分钟之内进行发布，并由督察部门进行督察。此外，"@深圳微博发布厅"还手握不少重要信息率先发布的"大权"，例如广东省委常委、深圳市委书记王荣3次暗访的消息，都是由发布厅的微博率先公布。通过不同领域事项与具体职能部门的对接、全市政府部门重要决策与网民的对接，"@深圳微博发布厅"有助于实现两大舆论场更加充分的对话。

为了保障微博政务公开的常态化、制度化和长效性，政府应该建立一系列微博政务公开的机制。在人才队伍建设方面，政府要尝试建立微博发言人制度，建设微博运营队伍，明确责任和行为规范，就公众所关心的问题、事件等进行定期或不定期的微博发布。“在发布机制上，政府机构要建立一整套措施和制度来保障信息发布的及时性、完整性与规范性”[①]。在微博上及时公布政府信息，尤其是在群体性危机事件发生后，各级政府应严格按照《政府信息公开条例》的要求，“对涉及的人、事进行相关的调查，并及时将事件真相、历史渊源、处理方法公之于众，缓解网民过激情绪”[②]，促进社会治理的和谐有序。政务公开要体现权威性，就要求加强政府微博的规范性。政务微博要规范其名称和微博组织建设。政府和政府官员微博一定要实名，避免公众被山寨政务微博误导。没有经过认证的政务微博不利于用户识别，其真实性和权威性也会大打折扣。经过微博认证的政务微博会在官方微博上有特别的标志，政务微博名称要规范简明准确，以便公众能够顺利地搜索和关注，避免公众了解政务和表达民意时走错门。政府应该建立政务微博群，既有总的微博门户，如微博发布厅，也有各个部门的专门微博，各部门之间可以相互收听，添加链接，方便微博用户找到所需的政务微博。而且要在不同的微博平台上建立微博，保障内容的更新速度和一致性，增强影响力。当前已经有一些地方政府部门尝试将微博政务公开制度化。2011 年 4 月 2 日，浙江嘉兴海宁市司法局在官方微博账号“@海宁司法”上发布了一则公文，内容是“【微博公文】01 号。为了做好社区服刑人员管控工作，各司法所应严格落实值班制度，要求值班人员手机必须保持 24 小时开通，做好手机定位监控和记录表登记工作……”这是全国第一条用微博发布的政府公文，和纸质公文具有一样的行政效力。海宁司法局是全国第一个启用微博公文的政府机关。同一天，海宁市政府信息公开网发布《关于启用微博公文的通知》，称从 4 月 1 日起，“该市司法系统启用微博公文，并规定了微博公文的格式”[③]。

政府利用微博开展政务公开要注意几点。首先，迅速及时。及时是信息公开的首要要素。在网络事件发生初期，公众存在强烈的信息饥渴。

---

① 罗佳妮：《我国微博问政的发展现状及对策建议》，《中国传媒科技》2012 年第 22 期。

② 唐逢九：《公共治理视角下网络群体性事件的应对》，《电子政务》2011 年第 11 期。

③ 郑晓燕：《新话语语境下微博文化的特征与影响》，《上饶师范学院学报》2012 年第 1 期。

各种谣言和负面信息往往更容易占据传播网络，正面信息如果晚了一步，就会失去先机。迅速的信息发布才能以最快的速度取得话语权，占领舆论高地。其次，真实准确。公开的信息内容必须真实、全面、准确，不能捏造。违背真实性原则会使政府失信于民。政府的信息只有做到准确，才能增强政府的公信力，给公众以安全感和信赖感，才能在动荡危机时刻稳定民心，维持网络秩序。再次，语言简明通俗，防止形式主义。微博的碎片化传播要求微博政务公开的“语言简单化、通俗化，要与大多数公众的整体文化水平和素质相适应”①，不能高高在上。只有这样，公众才不会有疏离感，而会增加亲切感，才能提升信息公开的传播效果，提升政府的公信力和可信度。如河北省公安厅的微博明确表示：“请大家关注我们，转发我们的文章。我们将始终以草根的心态、以网友的身份与您进行在线交流互动。”最后，谨言慎行。“微博的政务公开，必须做到顾全大局，谨慎发言，事实清晰，意见统一，再及时发布与本机构职能相关的信息。既要充分利用新媒体方便快捷的特点，又要避免个别官员的不当言辞造成政府公信力受损”②。

第三节　吸纳民智

历史是人民创造的，公众的智慧推动着人类社会的发展与进步。民意支持是社会长治久安的基础。随着社会的发展，公众的素质也在不断提升。公众作为社会问题的当事人，对社会问题有更为深刻的体验和独到的见解。公众的智慧可以促进社会问题的解决，政府应该重视微博民众的智慧，让民意介入政府的决策和实施中，促进决策和实施的科学化和民主化。

---

① 李景平、雷艳：《善治视域下我国反腐败中公众参与的路径选择》，《理论月刊》2012年第1期。

② 周斌、虞谷民、李怡：《微博问政：政社互动的新模式探析》，《西南石油大学学报》（社会科学版）2012年第1期。

在现代文明政治中，民众的角色不再限于作为决策的受动者，而是决策过程和实施过程的参与者和建言者。尤其是互联网诞生后，互联网由于零门槛、便捷、廉价的特点，使得公众更青睐通过网络发表自己的意见和观点，参与决策、影响决策。政府也日益重视网络民意。近些年来，电子政府和电子民主成为政治发展的趋势和潮流，“主要形式有在线选举、在线民意调查、在线立法以及选举人与被选举人的电子交流等”①。这些都是政府听取民意和吸纳民间智慧的积极举措。互联网成为政府吸纳民意、汇聚民智的成本最低、最便捷的渠道。微博的匿名、便捷、短小等特征使微博成为民意表达的优先渠道。有了微博之后，每一个网民都是信息的发布者和意见的表达者。微博成为民众传统表达渠道的有效补充，也成为网络时代民意表达的首选渠道。微博的风行更是为政府搜集民意和民众智慧提供了更为直接、迅捷的途径。微博汇聚着海量的民间意见，整合着海量的智力资源，可以供政府判断和选择。所以，政府应该利用微博与民众的交流和互动，倾听民意、了解民情、汇聚民智，促进社会治理决策和实施过程的民主化、科学化和规范化。胡锦涛曾提出要“问政于民，问需于民，问计于民”。“三问”是党的群众路线的生动体现②，也是微博实现社会治理价值的指导思想。

政府可以借助于微博吸纳民意，搜集有价值的信息，充分利用民众的智慧和力量。作为社会问题的参与者和观察者，民众往往熟悉实际情况，能提出真正有效的方案，提高政府工作效率。政府应该利用微博了解民意、解读民意，运用民意解决问题。政府应该重视通过微博了解民众的需求，倾听民众的意见和建议，有效使用信息，有针对性地制定相应的政策，真正使老百姓受益，达到事半功倍的效果。政府应该建立和完善微博民意收集制度。政府在微博运营中，应该配置专门的微博信息员，明确具体政务微博的管理者、具体的信息发布人和信息浏览、收集负责人，严肃认真地对待网民留言，“听取微博网民的好意见、好想法、好思路，努力集思广益，从而使决策制定体现公正性、增加透明性，促

① 梁莹：《信息化时代政府的治理与善治》，《探索》2003 年第 1 期。

② 周建章：《“微博问政”须提升领导干部“微素质”》，《领导科学》2011 年 12 月下半月刊。

进科学决策、民主决策"[①]。因此，政府要培训和成立专门的微博民意搜集工作队伍，对微博民意进行整理归纳，确保信息及时有针对性地反馈给有关部门和责任人。2012 年 8 月 24 日，微博"@公安部打四黑除四害"就发布了："【武汉请帮助寻找 14 名流浪儿童家属】日前，武汉市民政局公布了 14 名流浪儿童的信息和照片。他们均是 2007 年至 2012 年间由街头流动救助队或警方送到救助站的。他们大多存在肢体、智力方面的残障，说不清家庭地址，甚至说不清自己的名字。如果您有这些孩子亲人的线索，请拨打救助热线：(027) 82328163。"呼吁广大民众参与，提供信息，让流浪儿童早日回家，解决流浪儿童问题。

政府在微博上建立多渠道的互动设置，以便收集民意。微博上的互动机制可以让公众通过微博向政府反映情况，而政府则能够利用微博的互动渠道收集公众的反馈信息，了解民意。政府机关要通过对时事的全面把握，设置当前民众最关心的话题作为微博议题，引导网民讨论，从中了解民意。政府要提高微博民意搜集的效率。比如可在作出关系到民众切身利益的重大决策前，通过微博设置话题，让更多的公众讨论，鼓励网民评论和转发。尤其是充分利用微博私信功能，由于私信的隐秘性，私信往来中的信息往往更有价值，政府要认真对待私信，保护网民隐私，通过私信与网民交流，获得进一步的信息。比如，2015 年 4 月 26 日世界知识产权日到来前夕，4 月 24 日国家版权局版权管理司司长于慈珂做客新浪微访谈，就版权保护问题与粉丝们直接交流对话，共同探讨如何为创作者提供更好的保护。重庆市人民政府新闻办公室官方微博"@重庆微发布"，通过#政务微博主编访谈#我的微访谈，与广大微博粉丝聊天互动，开启网络问政新篇章。

建立微博民意分析机制。对于复杂的网民情绪和倾向，政府应建立科学的民意评判机制[②]。政府建立健全微博信息收集、分类、交办、督察、反馈的微博使用链条，保障微博通畅、充分、有效地沟通与互动。

① 刘国军：《网络舆情发展与地方政府社会治理考量》，《理论研究》2010 年第 3 期。

② 毛媛丽：《微博问政——"微时代"社会管理创新的新机制》，《绥化学院学报》2012 年第 4 期。

加强对微博民意的分析汇总，把握民情，集中民意，汇集民智，为民解忧。利用微博吸纳民意既要全面，又要有鉴别。不能偏听偏信，不能主观下定论，不能盲目认定主流，而应该通过科学民主的方式对多元的民意进行整合，让其在意见的公开市场上自由竞争，在公平公正的原则下进行公开透明的博弈，让所有的利益相关者的意见都得到尊重，在决策中得到体现。

建立和完善意见办理督促制度。仅仅通过微博搜集民意是不够的，只会沦为纸上谈兵。要让微博民意出实效，就要加强微博民意的后续处理督办。微博写得再好也没用，做比说更重要①。回应是善治的基本要求。微博参与社会治理的“意义在于对民意的充分认识和运用，这就要求民众反映的问题得到有效解决，群众贡献的智慧得到充分利用”，从而把思想资源转化为运用价值②。如果民意没有得到及时的回应，那么民众下次可能就不会再反映了。微博民意收集之后，政府各部门之间不能相互推诿，要对网民反映的问题进行明确、及时的回复和受理。政府要切实有效利用微博民意，让民意在决策的制定和实施中得到良好的体现，不浪费网民智慧，不搞形式主义，做到有始有终。

政府应该针对微博用户群体特点，通过完善现有的公民参与及诉求表达体系，让微博成为政府倾听民意、体察民情和汇聚民智的重要补充，与其他民意搜集方式相辅相成，促进民意表达与互动，为社会治理的决策制定和实施提供信息和知识基础。

第四节　接受监督

民主监督是治国之宝，完善的监督机制是实现科学规范的社会治理的关键。社会公众的监督能防止政府行为的失范和越轨。没有监督就必

---

① 周建章：《“微博问政”须提升领导干部“微素质”》，《领导科学》2011 年 12 月下半月刊。

② 刘国军：《网络舆情发展与地方政府社会治理考量》，《理论研究》2010 年第 3 期。

然出现权力异化；缺乏监督，就会出现行政主体的信息寻租、行政管理上的暗箱操作和公共机构的设租寻租等腐败行为。在我国，对于一个长期执政的党和政府来说，社会监督尤为重要。公众监督，能够及时发现决策制定和实施中存在的问题，提升决策制定和实施的科学性和合理性。党中央和中国政府一向重视发挥民众对政府的监督作用。我们党和中国政府历来重视通过各种渠道，接受人民的监督。互联网为民众提供了一个监督政府的平台和工具。网络带来了动力和活力，也带来了压力，政府的一举一动都可能引起网民的关注和监督。网络监督的压力迫使政府改变工作作风，通过提高效率来满足民众的实际需求。政府日益重视通过网络政务公开，接受监督。互联网为民众提供了更加广泛、更加高效便捷的政治参与和监督手段。微博的监督力量和社会影响力越来越大，网民在网络虚拟世界里的“话语权”和“干预力”不断增强，成为监督政府的“软力量”和有效工具。“微博为民众提供了透明公开的政府评价平台，民众可以便捷畅通地发表自己对于党政机关的看法和意见”[①]。微博能使民众有效监督政府决策，促进政府公务员勤政廉政。微博不仅实现了政府与民众之间良性的信息沟通和互动交流，而且还使民众有机会、有条件、有渠道对政府的社会治理工作进行及时有效的监督，推进党和政府各项工作法制化和规范化，促进阳光政府和善治政府的形成。在微博信息公开的前提下，微博可以让民众对党政权力的运作程序、事项内容和实施情况进行经常性监督，最大可能减少权力暗箱操作，增加权力运行的透明性[②]，不断推进政府依法行政。微博的质疑和批评切实提醒党政机构和官员改善工作，使官员于民生工程有所为。目前，微博的监督作用已经初现端倪，基本上形成了微博公开或曝光→微博搜索追踪→微博舆论→微博集聚社会焦点和热点→相关部门感到压力→权力主体修正行为的微博监督运行态势[③]。

---

① 周斌、虞谷民、李怡：《微博问政：政社互动的新模式探析》，《西南石油大学学报》（社会科学版）2012 年第 1 期。

② 陈文胜：《“微博问政”与党的执政方式创新》，《兰州学刊》2011 年第 12 期。

③ 同上。

微博是监督政府的重要工具，政府要科学地加以利用。政府应该充分利用微博这种监督工具。让网民可以共享各种评价政府的信息，政府要时刻通过关注微博，发现自身问题。[①] 政府应该将微博视为接受监督的平台，及时将决策和社会治理过程公布在微博上，时刻接受微博用户的考核。政府要赋予微博监督的权利，创造微博监督的条件，建立微博监督的良好氛围，鼓励民众利用微博开展批评监督。保障民众在微博上评价和质疑的权利，让民众指出执政过程中的问题，以便政府查漏补缺。要建立完善的微博监督的法律体系，优化监督环境，使民众参与微博监督有法可依，没有后顾之忧。建立微博监督的激励机制，对网民意见的批评监督进行转发，坦诚地承认错误，做好接受监督的表率，让网民更乐于监督，勇于监督。

从当前热门公安微博来看，引发网友转发和评论较多的微博往往与社会热点案件相关，网友呼吁及时公布案件相关细节，并对部分案件调查进展给予了极大的关注。2014 年 12 月 11 日，最高人民检察院官方微博“@最高人民检察院”发布了：“【上海将成立法官检察官遴选委员会】近日，上海市法官、检察官遴选（惩戒）委员会 15 名委员名单公示，接受社会监督。该市司改试点推进小组组长姜平说，上海将抓紧筹备召开遴选（惩戒）委员会成立大会，通过该平台，选拔出适合要求的法官、检察官，为深化司法改革提供可靠的保障。”公布详细名单，接受社会监督。

政府要健全微博举报和受理机制。微博监督已成为当前不容忽视的一种群众监督方式，但这种监督基本上处于自发无序状态，很多被揭露的社会问题或政府的失范行为没有相关部门或机构的及时查处。微博上丰富的资源没有被充分利用，亟须进一步健全网络举报和受理机制。首先要转变干部和公众的思想观念，积极肯定微博监督的作用，主动接纳微博意见。建立微博监督处理机制，对微博监督信息进行检索甄别、核查回应，既积极面对网络监督的反映，又在第一时间还原事实真相，防止“网络推手”和不法之徒滥用话语权，防止监督权在微博中出现异化，保障微博监督的

① 周斌、虞谷民、李怡：《微博问政：政社互动的新模式探析》，《西南石油大学学报》（社会科学版）2012 年第 1 期。

常态化和规范化。

面对微博上的监督，政府要加强回应性。虽然“政府机构办事有一套固定程序，处理事情需要时间和过程，这在客观上不可避免地造成政府有时不能迅速地作出回应；但是如果政府以此为借口，动辄就需要研究，需要向上级汇报”①，敷衍了事，得过且过，给民众形成无能、不作为的感觉，将损害政府形象。对于一些热点事件，民众的关注度高，监督力度大，如果政府没有及时作出回应，就会引起民众的质疑，甚至会滋生一些谣言。所以政府面对来自微博上的监督，不能消极躲避，而要及时回复，以免遭受更大的舆论压力。如今微博上会有举报帖，或者指出政府工作中的问题，许多久拖未决的问题迅速得到解决，这也展示了政府对微博监督的日益重视，体现了微博监督的显著效果。2012 年，“微笑局长”“表哥”“表叔”“房叔”都是在微博监督后得到迅速处理的案例。相关微博监督的体制机制也在逐渐建立。“河南省高级人民法院（@豫法阳光）、江苏省无锡市政务微博发布厅等专门设立了‘网络监督员’制度，也形成了网络监督新机制和新模式。”②

第五节　舆情引导

由于微博自由、开放、便捷、匿名的传播特点，微博上的声音和意见必将走向多元，但也容易鱼龙混杂。在监测环境、吸纳民意、政务公开、接受监督的基础上，政府必须积极主动地对微博进行科学引导，让微博参与社会治理更加科学规范。微博参与社会治理是一把双刃剑，“它既可以改变舆论生态，塑造共同经验，增加社会向心力，又可以腐蚀社会主流价值，导致社会的分裂”③。失控的技术进步和信息泛滥可能会把人变成技术的奴隶，把分析和判断信息的能力拱手让给技术专家甚至电脑本身，人就

① 宫维明：《善治视角下网络媒体的作用》，《唯实》2009 年第 2 期。

② 祝洁：《政务微博的发展现状及其存在的问题》，《文学教育》2013 年第 3 期下半月。

③ 陈文胜：《“微博问政”与党的执政方式创新》，《兰州学刊》2011 年第 12 期。

被技术所异化。虽然微博参与社会治理推进了网络民主进程，但是网民享受着微博狂欢，发出亿万种声音，展现出的是微博的无政府状态；如果缺乏有力引导，就会出现多数人的暴政。微博没有审核，匿名传播，也容易被人利用。如何引导民众有序地利用微博参与社会治理，使微博参与社会治理朝着科学化、理性化的方向发展，是当今各国政府不容忽视的问题。

对于执政党和政府来说，建立科学微博引导机制是微博参与社会治理的关键问题。党和政府要学会掌握引导社会治理的主动权，创新微博引导的方式方法，积极加强微博参与社会治理的引导和管理。各级政府要将微博舆情发现、研判、协调、处置、引导、跟踪、总结纳入统一流程，掌握微博舆情的主动权，从根本上提高网络问政的效率。对于微博用户个性化的利益诉求，党政机关必须做到积极倾听，并“对民众的微博心理和行为实施科学引导，科学矫正网络失范行为，防止民众不理性的微博言行”①，有效疏导和消解“微博舆论风暴”，进而形成主流微博舆论，维持微博参与社会治理的繁荣和稳定，以实现微博参与社会治理的持久健康的发展。“对微博中出现的情绪化现象，政务微博要善于引导，鼓励民众自由地提议并引导民众理智、理性地发言”②。

政府要在微博上释疑解惑，当好宣传员和引导员。政府不能仅仅把微博作为发布新闻、“宣传训导”的窗口，而应该耐心积极地回答网民提出的尖锐问题，注意及时更新，与时俱进，有针对性地疏导民意。政府要利用微博发布权威信息，及时公布真相，以事实说话来破除谣言，引导舆论走向。“权威的声音可以统领公众舆论，及时帮助公众深化对事物的认知”③，为公众指出事物发展的方向，让公众学会理性判断。对于网民的诉求，公众关注的社会热点问题，政府应及时回应，澄清事实本来面目，公开真相，疏导网民情绪，正确引导舆论走向。政府要建立微博发言人和评论员制度，及时准确地发布权威信息，消除误解和化解矛盾，做到未雨绸

① 周斌、虞谷民、李怡：《微博问政：政社互动的新模式探析》，《西南石油大学学报》（社会科学版）2012 年第 1 期。

② 毛媛丽：《微博问政——“微时代”社会管理创新的新机制》，《绥化学院学报》2012 年第 4 期。

③ 吴琳：《网络政治学视域下虚拟社会管理实践机制探索》，中国行政管理学会，2011 年。

缪、防微杜渐，防止“案件变事件”。政府要因势利导，主动揭示真相、澄清流言，赢得主动权、争取话语权。政府应当积极抢占微博舆论的制高点，牢牢把握微博话语权，引导社会舆论朝着正确的方向前进。比如中国国际救援队于2010年2月27日注册新浪微博。4月14日，“青海玉树县发生7.1级地震，救援队通过认证微博及时发布与地震相关的新闻，对救援活动进行了微博直播，使得公众能尽早获得有关玉树地震的权威信息”①，避免了公众恐慌。2011年3月，日本地震引发核泄漏危机，对此，救援队也通过微博发布核辐射的科学信息，避免恐慌。在抢盐风波中，也传递辟谣信息。这些微博信息的发布和引导，对于稳定公众情绪、疏导民情、维持社会稳定起到了积极作用。“@江宁公安在线”就多次发布了辟谣信息，如“嗯，对了，再给大家提个醒。下图这种诈骗估计近期会相当高发。你们记住了，@淘宝这种土豪公司，人家的客服电话既不是400，也不是9开头的高大上5位短号，而是：【0571－88158198】对，人家的客服就是这么低调奢华有内涵的普通电话号码……而且商家和您联系也多以旺旺为主，电话和QQ联系的多半有诈”，还发布了：“#警察蜀黍作品#那么，我们就再说说这个迷魂喷雾。并配发了一个长微博图片。传播安全知识，避免误导公众。江宁公安在线：1. 故意伤害他人致轻伤，已可追究刑事责任，何况还是连捅20刀。2.‘刀刀避开重要器官’这话很妙，连戳脚底板20刀算不算？3. 如果捅躯干，这男的只要稍微一动，第2刀就不知道捅哪儿了，20刀，呵呵。4. 别说学医，就算是学杀猪的妹子，用餐刀（多少学校食堂有餐刀?）能捅进人体20刀，这臂力必须HULK附体。传播法律知识，引导公众遵纪守法。”这些知识的传播能让公众了解事实真相，破解谣言，引导公众理性应对社会问题。

在微博事件爆发的时候，政府要利用微博巧妙引导。在舆情酝酿阶段进行早期介入，在舆情扩大之时进行引导，在舆情激化阶段，适时沟通。在善后阶段，择机树立形象。先声夺人，奋力抢占舆论制高点。针对谣言，直面回应，低姿态沟通，敬畏舆情就是敬畏民意，不回避矛盾，积极

---

① 人民网舆情监测室：《2011年新浪政务微博报告》，2011年12月。

回应社会热点，进行官民互动。“网来网去，善用网络方式进行充分沟通。覆盖网络平台，借助于意见领袖，抓住细节，抓住关键节点。顺应趋势，适量采用流行的网络手段，进行权威网络发布”[①]。2011 年 6 月 16 日，四川凉山自治州会理县政府网站使用了合成痕迹明显的县领导视察的照片，很快“悬浮县长”照片就被传到微博上，被网民调侃和批评，很快在微博上出现了“侏罗纪版、月球版”等若干个版本，并被怀疑“县长的工作有没有作假”。微博上开展了大讨论，微博意见领袖带头发言批评。后来距离事件被引爆 24 小时后，会理县政府在新浪网上通过微博对事件进行解释和道歉。6 月 27 日，发布了微博：“由于我县工作人员的失误，在政府网站上发表了一张 PS 过的照片，他对于新闻真实性的理解有误，使得我县在网络上受到了更多的关注。在此，会理县政府对于广大网友的关注表示理解，并对此事道歉，并澄清。”3 分钟后，就发布了一条长微博：“分享图片：会理县政府‘领导照片事件’当事人道歉声明”，将 PS 照片的缘由告知公众，这条解释的微博转发达到了 1 万多次。6 月 29 日，会理县官微始推介该县的旅游资源，并主动提及登出的当地风景照“未经 PS”。这条微博很快便有了上万次的转发评论，评论几乎是一边倒的褒扬之声。会理县在解决这场风波之后，网友的注意力被转移到会理县的美丽风景和当地旅游项目上来。会理县对这场风波的处理取得了良好的效果。2011 年 9 月 27 日 14 时 37 分，上海地铁 10 号线两列列车发生追尾事故，现场乘客“安默然 lucky”微博发出第一条消息。15 时 17 分，上海地铁官方微博“上海地铁 shmetro”首次证实事故的时间和地点，并随后直播救援情况。救治定点医院——长征医院在当日 18 时 58 分开通微博，向公众介绍救援情况。20 时 18 分，上海地铁官方微博用“今天是上海地铁有史以来最黯淡的一天”表示歉意[②]。由于官方及时发布信息，引导舆情，随后的 1 周时间，舆论迅速平抑。

2012 年 7 月 21 日，北京遭遇暴雨袭击，“@北京发布”“@北京

① 孟建、裴增雨：《网络舆情的收集研判与有效沟通》，五洲传播出版社 2013 年版，第 104 页。

② 人民网舆情监测室：《2011 年新浪政务微博报告》，2011 年 12 月。

消防”“@平安北京”“@交通北京”与16区县政务微博持续不断地发布官方信息。北京政府机关积极通过微博平台了解灾情、公布灾情，及时通报天气情况、路况信息以及救援工作情况，网友也纷纷在微博上@北京各政府机构开设的微博，报告各处险情，请求救援。“北京市政府的微博群通过与市民互动，合网民之力共同抗击暴雨灾害，取得了良好的口碑”①。2013年4月20日8时2分，四川雅安芦山发生7.0级大地震。在此次芦山地震中，政务微博展现出巨大的传播力和引导力，多角度、多层级构筑起抗震救灾信息的“绿色救援通道”。“@中国地震台网速报”成为首家播报震情讯息的政务微博；“@中国国际救援队”时刻关注微博上的求助信息；成都军区开通“@雅安芦山抗震救灾”官方微博发布救援直播；“@雅安市政务服务中心”普及地震救生常识。

在民对官缺乏信任的严峻社会现实面前，“政府在出台任何新政策、新规定、新举措之前，应重视微博舆情的引导工作”②。政府机构要利用微博展示事实和观点，充分尊重公众的信息知情权，有计划地进行微博舆论引导，掌握微博舆论中的主动权，获得公众认同，提振政府公信力。要遵循微博传播规律，审慎定性舆情，遵从民意，依法沟通，适时引导，在微博采取跟帖、评论等方式，对微博上的不良信息和观点进行有力反驳和正面引导，同时线上线下密切配合，做到有始有终。

政府要加强微博议程设置。微博准入的随意化、微博语言的碎片化、把关人的缺失使微博的议程设置显得更加困难，但微博的议程设置功能不能弱化而应该因势利导。微博上信息多元庞杂，并非所有的信息都能引起其他社会成员的兴趣。政府要利用微博主动设置议题，吸引微博用户的目光，让微博用户的注意力和政府一致。在微博议程设置中，找准网络事件本源和价值，提纲挈领，不能让政府微博淹没于微博的大海之中。微博议程设置的基本步骤一般是，首先，公布事件真相，将查清、查实的事件来

---

① 陈沁：《微博环境下城市形象传播研究》，硕士学位论文，武汉纺织大学，2013年。

② 吴琳：《网络政治学视域下虚拟社会管理实践机制探索》，中国行政管理学会2011年年会论文。

龙去脉及时在微博中表述。将重要的微博帖子用醒目的字号和色彩加以强调，通过置顶设置放在微博网页的突出位置，以便引起网友关注，强化主流言论。其次，在微博中与粉丝频繁互动，就相关议题进行探讨。消除错误观点，引导正确舆论，及时和传统媒体、门户网站合作，放大微博的影响力。特别重视舆论领袖的微博议题设置和引导作用。名人微博粉丝数量巨大，其微博话题往往能成为焦点，政务微博要与微博舆论领袖密切配合，互相积极转发，拓宽覆盖面，扩大影响力。2012 年 5 月“国际家庭日”期间，由“@成都发布”“@南京发布”“@银川发布”等地方政府微博首次联合设置议题，发起“随手拍幸福家庭”主题照片征集活动①。网友上传主题照片近千张，大批名人参与，取得了良好的社会反响。

微博舆论领袖在微博舆论引导中起着至关重要的作用。微博舆论领袖粉丝众多，其微博被大量转载和评论，影响力大，在微博参与社会治理中扮演着重要角色。微博虽然是自由传播网络，但每个节点信息传播的力度和产生的能量是不一样的，微博舆论领袖就是这样一个无中心的中心，即“话语权力中心”。政府要积极培育自己的微博领袖。政府也要学习微博公知的微博运营经验，有意识地培养自己的“意见领袖”，树立一批公信力强的政府微博。同时，政府要巧用和善用政府微博之外的其他微博舆论领袖。微博舆论领袖一般都具有较高的专业知识水准，通过发布真实信息和权威意见，往往能够形成微博关注焦点，引导信息流动趋势，影响意见和态度走向。因此，政府要高度重视“意见领袖”的作用，定期与各界意见领袖沟通，取得意见领袖的理解和支持，借助于他们来引导舆论。通过网民引导网民，往往能取得较好的效果。政府要善于借助于网络意见领袖和权威人士的舆论影响力，正确引导微博舆论的发展。

在微博舆论引导中，及时辟谣非常关键。微博的交叉传播特性使微博成为谣言传播的集散地，这就要求政府利用微博的积极效应，使微博成为辟谣的有效工具。在危机事件中，公众由于存在不确定性而产生信息饥渴，也更容易传播谣言。政府要及时捕捉不良虚假信息，及时有针对性地

① 刘劲青：《公安微博问政与社会管理创新》，《湖南警察学院学报》2011 年第 4 期。

发布权威信息，让所有流言蜚语丧失生存的空间和土壤。南京市委宣传部新闻发布官方微博“@南京发布”，以“权威发布，清新服务”为理念，2012年7月5日网民“精选_微博”发布了这样一条微博：“南京共青团路上扫地的九岁孩子，询问得知因没户口无法上学，每天早上九点就起床，晚上也要扫，妈妈正在路对面擦垃圾箱……很机灵可爱的孩子，谁能助他上学?”微博中还配有一张一个孩子在自行车道上扫地的照片，并@了“南京发布”“姚晨”等政务微博和微博名人。因为图片、视频等传播符号很容易获得人们的信任，而且失学儿童一直是社会关注的焦点，所以在该博文发布初期，就快速引起了关注。几分钟内，微博大号“@韩雪”等也相继关注和转发了此微博，百万级的粉丝量使得该条微博爆炸式传播。“南京发布”在被@后几分钟之内发现异常，随即上报。“南京发布”在经过155分钟的查询、核实后，确认此微博信息不实，经联系，网友自行删除了这条谣言微博。

政务微博借助于主流媒体微博提升引导效果。“微博上负面舆情的流行在很大程度上是正面的声音不足所致”[①]。政务微博由于发展时间短，影响力有限，而媒体则可以弥补政务微博的缺陷。媒体积累了大量的受众群，公信力强，其微博在网络上有着更大的影响力。政府微博要与媒体微博建立长期的合作关系。政府微博与媒体微博长期连续地互相转发，在网络事件发生的时候，更要加强联动。“政府微博和媒体微博联合起来，尤其是要发挥权威媒体的主力军作用，让主流、权威、真实、可靠的声音占领微博意见市场”[②]。政府微博要让主流媒体微博，或重要门户网站微博转发、评论其内容，增强政府微博的影响力和覆盖面。

在微博舆论引导中，政府要保持清醒的头脑，切忌一时冲动，图一时口快，妄下结论。一般来说，对于权限之内无法解决的问题，要积极向上级反映，寻求政策支持，并及时反馈给网友；对于权限范围之内的问题，要责成相关职能部门调查核实，依法依规处理，及时告知当事人

---

① 刘劲青：《公安微博问政与社会管理创新》，《湖南警察学院学报》2011年第4期。

② 周建章：《“微博问政”须提升领导干部“微素质”》，《领导科学》2011年12月下半月刊。

和社会公众逐一回应；对短时间内无法解决的问题，要对网友耐心解释，说明原因。政务微博要讲究微博引导的方式和方法，做到科学合理、规范有效。

第六节 树立形象

微博作为影响巨大的自媒体，已经成为一个重要的营销平台，很多企业、明星、公众人物，甚至普通人在微博上发布信息，传播言论，吸引了大量的粉丝关注，一言一行引起大量转发和评论，成为形象宣传廉价便捷的平台。公共治理的理念要求政府学习企业管理的经验，充分利用企业形象管理体制，建立良好的形象，增强吸引力和影响力，提升治理的科学性和效率。由于企业使用微博起步较早，发展较快，在微博运营上有着丰富的成功经验，其微博营销策略值得政府学习。政府应该学习企业微博营销的技巧，树立自身勤政爱民的服务型形象，增强公众对政府的信任。

政府树立形象，要从信息发布开始。政府要充分利用微博及时、迅速、多样的信息传播特点，将微博作为展示和宣传自身形象的阵地，让微博成为公众了解政府的窗口。政务微博在“满足人民群众知情权、表达权、监督权和参与权的同时，极大地提升了党和政府执政为民的良好形象”[①]。微博的功能日益全面，政府要充分利用微博多样的功能，从信息发布和公共服务等各个方面，建立微博品牌，如“民生服务日”“微博办事厅”，通过微博回应社会，处置舆情事件，增加公众对政府的信任感，树立勤政爱民的形象。通过微博使服务型政府、阳光政府的形象进一步深入民心。如深圳警方积极处理“5·26”飙车案，体现了高度负责的工作作风，提升了当地警方形象。2012 年 6 月 15 日至 17 日，包括“@公安部打四黑除四害”“@平安北京”“@江宁公安在线”等在内的全国 1.3 万多个

① 刘鹏飞：《140 字，释放“政”能量》，《人民日报》2012 年 12 月 11 日。

公安微博共同参与主办“派出所的一天”微博直播活动，向社会各界展示公安基层单位的日常工作，将线下的“警营开放日”延伸到网络公开平台上①。让公众对神秘的公安警察部门的日常工作有了更加全面深入的理解，拉近了警民关系，树立了警察敬业爱民的形象。政务微博可以经常发布一些工作动态，展现细节的魅力。比如2014年12月12日，“@公安部打四黑除四害”发布了微博：“【四川公安特警VS武警特战首次实兵实弹实爆对抗】今天上午10点，四川公安特警2014红蓝对抗比武总决赛在成都斑竹园武警训练基地举行。来自四川省区市166名优秀特警和武警队员同场竞技。此次比武有直升机空降助阵，全程采用实兵、实弹、实爆的对抗方式，最大程度还原真实作战环境，现场堪比大片。”并配发了现场浓烟滚滚和武警英姿飒爽的画面，从而树立了武警勇敢威武保家卫国的形象。政务微博还可以通过宣传政策法规，贴近民众，争取民众的青睐和信任。比如2014年12月4日，“@江宁公安在线”发布了微博：“晚安时间。今天给大家来个睡前小普法。何为侵占罪?”并引用相关法律条文进行解释，最后用“晚安，好梦”结束。公安部宣传局、公安部“和谐警民关系建设”官方微博“@警民携手同行”借助于微博与网友互动，以较高的微博原创率和多元的微博内容进行议程设置，内容或体贴实用或温暖心灵，引发网友转帖评论。安全知识和警察故事的共享有效促进了警民互动沟通，增进了相互理解，对打破警察刻板印象、拉近警民关系起到了积极作用。

福建省妇联自2011年8月22日开播的官方微博“@闽姐姐”关注妇女儿童工作，以新的联系方式满足当代妇女多元化、多样化的需求，包括及时的政策传递和温暖的心灵鸡汤，实用有效、促进思考的“亲子课堂”，保护自我的“维权行动”，以女性名人名言励志的“读女性”等内容，拉近了妇联和群众的现实距离。该微博引用专家知识、名人励志，对当代女性起到了一定的引导作用，秉承服务、公益、温暖的信念，以新的宣传和社会管理方式提高妇联工作在新媒体中的作用。

合肥市城市管理局官方微博“@文明合肥”还在微博中提供便民服务

① 祝洁：《政务微博的发展现状及其存在的问题》，《文学教育》2013年第3期下半月刊。

信息、生活提示，甚至包括问候帖和“心灵鸡汤”，通过网络化的语言表达形式展示城管工作的多样性、必要性。

政府要利用微博做好微博参与社会治理的宣传。政府要加强宣传教育，提升公民微博参与社会治理的热情，使公民认识到利用微博参与社会治理既是权利，也是义务，从而使每个公民积极主动地参与社会公共事务治理。呼吁公民利用微博主动了解地方政府相关的政策法规，提高自己的素养和辨别是非的能力，引导民众加强自律，理性、理智地进行表达，培养公民理性、合法参与的能力，最终形成全民参与社会治理的良好局面。

政务微博应该举办适当的宣传推广活动，这有助于提升关注度，提高网民参与互动的积极性，从而充分发挥政务微博的作用。目前，一些政务微博的宣传推广主要有“举办线下活动、与传统媒体开展合作、向微博服务商寻求支持等形式”[①]。比如“@中国食品药品监管”除通过直接回答网友疑问之外，还联合其他官方微博举办“网络知识竞赛”。从2013年9月1日开始的竞赛共持续了2个月，获得众多网友的关注与参与，在“寓教于乐”的同时也提升了微博的知名度。截至9月15日，根据后台数据统计，竞赛网页点击率为622097次，为第一周184041次的3.38倍；共有128999人次参与答题，为第一周24383人次的5.29倍。根据活动规则，参与幸运奖为每个工作日由软件随机抽取。截至9月15日，竞赛网站中奖人数为375人次，中奖率0.29%[②]。

为倡导廉洁从政的廉政文化宗旨，南京市纪委监察局官方微博“@钟山清风”“@人民网”联合举办发起了“钟山清风”杯全国廉政微博大赛。大赛于2014年3月14日开始，设立多种奖项，其中多项以微博为依托，并以图片、文字等方式展示优秀作品。“@钟山清风”非常重视微博的平台作用，从最初的转发送礼扩大影响力，到后来的坚持每天转发投稿作品，充分吸引了网友关注，鼓舞了创作参与，有效地扩大了廉政微博的影响力。2015年7月23日，“@湘潭公安”发布了微博，传达了省领导对自身的高度评价：“#湘潭身边事#【省领导高度评价@湘潭公安工作】

---

① 吴晓菁、郑磊：《政务微博运营管理现状与对策研究》，《电子政务》2012年第6期。

② 人民网舆情监测室：《2013年新浪政务微博研究报告》，2013年12月。

湖南省政府党组成员、省公安厅党委书记黄关春充分肯定了湘潭市委、市政府对@湘潭公安的支持，高度评价了@湘潭公安的工作，特别对@湘潭公安新媒体工作点赞，并要求湖南省公安厅组织到@湘潭公安学习#移动警务直播#”。这种微博无形之间提升了自身形象。

保障社会管理创新，牵头靠政府，关键在协同。切实抓好社会管理，党的领导是根本，政府负责是关键，社会协同是依托，群众参与是基础[①]。政府部门必须始终坚持以人为本，执政为民，坚持多方参与、共同治理理念，勇于改革创新，充分发挥微博参与社会治理的功能，统筹兼顾各个方面、各个阶段的利益诉求和社会矛盾，主导和建构微博参与社会治理的新格局。

① 徐顽强：《社会管理创新——理论与实践》，科学出版社2012年版，前言。

第六章

民间组织利用微博助力社会治理

民间组织的繁荣发达是社会进步的重要指标。民间组织是社会治理的重要主体，在社会治理结构中不可或缺。民间组织由于其权威性、公益性，更具有公信力和说服力。民间组织在完善市场经济体制、转变政府职能、扩大公民参与、推进基层民主、推动政务公开、改善社会管理、促进公益事业等方面发挥着越来越重要的作用。在复杂的社会问题面前，政府往往没有足够的能力和手段及时化解各种社会矛盾，这就需要民间组织挺身而出[①]，在特定领域内贡献智慧，参与社会治理。民间组织有社会动员和社会倡导的“天赋”，在治理转型和政府职能转变的大背景下，原来由政府包办的治理职能，需要有更具有能力和效率的组织来承担。微博的传播特性正好可以发挥民间组织的特殊价值。微博是民间组织参与社会治理的工具。由于民间组织的公益性、非营利性、独立性、自愿性，其微博更具权威性和公信力，更容易获得公民的信任和认同。民间组织应该利用微博培养和发展自身，通过微博提供专业领域内的权威声音，消除公众疑虑，同时以专业视野为政府决策提供参考，参与和监督社会治理决策和实施过程。体制转轨和社会转型时期诱发、加剧了一些特殊类型的风险，因此培育民间组织，利用微博助力社会治理，完善社会治理结构，就显得尤

① 陈世华、韩翠丽：《微博参与社会治理的方方面面》，《中国出版》2012 年第 10 期。

为迫切。

第一节　微博培育民间组织

与经济社会快速发展和社会日益多元化相比，中国民间组织发展速度相对缓慢，社会力量发育程度依然弱小，前景也不十分明朗，总体状况并不理想。可以说，中国民间组织的发展程度与中国经济发展不相匹配。当前，中国的民间组织在各方面虽然有所发展，但是它们的政治参与意识和政治参与能力都还比较薄弱，它们对政府的依赖性依然很强，存在数量少、规模小、力量薄弱、融资困难、志愿者少等种种问题，整体上还处于“初级阶段”。中国的民间组织长大并且成熟起来，还需要一个漫长的过程。中国民间组织的发展大大落后于西方发达国家。2005 年，美国慈善捐赠总额达 2600 亿美元，占 GDP 的 2.1%，人均捐款 833 美元；而中国同期慈善团体接受社会捐赠资金 28.9 亿元人民币，仅占 GDP 的 0.015%，人均捐款仅 2 元人民币。在美国的“9·11”事件发生后，个人捐款非常踊跃，到 2001 年 10 月中旬，已有 58% 的美国人对“9·11”遇难者进行了不同数量的自愿捐助；美国红十字会截至 2001 年 10 月 31 日就收到了 5.43 亿美元①。由此可见，美国的民间组织具有强大的吸引力、影响力和公信力。

在中国，民间组织作为一个相对年轻的事物，发展仍然处于起步阶段，面临种种困境。民间组织营造的外部环境并不够好；民间组织性质尴尬，具有官方和半官方性质；民间组织缺乏自治，依赖性强，政社不分；民间组织公信力不足，屡屡遭遇信任危机；社会参与不够，志愿者缺乏；由于法制尚不健全，民间组织违法违规现象普遍；自身发展不规范，工作机制落后②，自身能力弱。造成这些问题的原因很多，有政治体制的因素，有经济发展阶段的原因，也有文化传统的制约。其中，缺乏沟通和传播渠

① 孙凯民、黄河、陈亚男：《当前我国社会治理结构中的 NGO 缺失及其培育》，《内蒙古大学学报》（人文社会科学版）2007 年第 1 期。

② 吴光芸、李建华：《论民间组织在公共治理中的作用》，《学会》2009 年第 7 期。

道也是重要原因。正是因为沟通不畅，政府和民间组织之间矛盾重重，冲突不断；因为传播乏力，公众对民间组织的认识有限，导致民间组织影响力小，影响面窄，参与人数少，资金来源单一。

首先，民间组织利用微博传播自身理念。在传统时代，酒香不怕巷子深，在互联网时代，酒香也怕巷子深。民间组织要扩大影响力，广为人知，吸引更多的人参与，就需要努力利用各种传播渠道，培育和壮大自己。微博发布信息的快捷性、交叉网络的传播特性、巨大的用户群，使其成为当代社会最为有效的信息沟通渠道，是民间组织培育和发展壮大的重要平台和工具。民间组织应该利用微博开展广泛的宣传，开展好各种志愿服务和公益活动，树立良好的形象，扩大自身的影响力。免费午餐发起人邓飞在新浪微博进行微访谈与广大博友互动，就免费午餐的问题一一解答[①]，取得了良好的效果。邓飞早已是微博打拐的知名人士。邓飞作为意见领袖发起的免费午餐行动不仅成为2011年微博十大舆论焦点，掀起了一股公益热潮，而且推动了国家在学校午餐方面政策的改善，成为民间公益利用微博与政府良性互动的典范。中国扶贫基金会官方“@中国扶贫基金会”就利用微博传递自身公益理念。如2010年1月22日，“@中国扶贫基金会”发布了一条微博：“中国扶贫基金会原来是一家由官方发起的非政府组织，但自1999年开始进行根本性的变革，取消了事业编制和行政级别，是国内第一个完全独立于政府并按社会企业的治理结构和方式进行管理的非政府组织，其核心价值理念是：一切遵循人类良知和善心的指引，阳光、透明、守则、有效”，通过微博说明自身性质、定位、宣传核心价值理念。2014年11月，“@大爱清尘”（微博认证为中华社会救助基金会大爱清尘基金），先后发布了《大爱清尘大事记》（一）、（二）、（三）、（四）、（五），介绍了民间组织“大爱清尘”的发展历程；还发布了“#大爱清尘#文化，大爱清尘#普及篇#”，介绍公益组织的性质，传播行动口号“能救一个是一个，能帮一点是一点”；还上传了社会责任领袖王克勤演讲《让生命看见希望，让生活重拾尊严》。这些内容都在宣传民间组织的理

① 杨伟龙、何康杰：《微公益传播策略分析——以免费午餐为例》，《新闻世界》2013年第7期。

念，树立自身形象。

民间组织利用微博发布媒体报道，扩大自身影响力。比如2010年8月27日，中国红十字基金会官方微博"@红十字基金会"发布了一条媒体对嫣然天使的报道。2012年5月25日，"@中国红十字基金会"发布："5月25日，由中国红基会嫣然天使基金与北京嫣然天使儿童医院联合主办的第三届中美唇腭裂治疗新技术研讨会在京举行。"2013年12月5日，国际中国环境基金会（International Fund for China's Environment）官方微博"@国际中国环境基金会IFCE"发布了基金会的媒体活动："IFCE总裁何平博士@IFCE何平日前在华盛顿The EmeraldPlanet TV录制channel 10现场直播的中国的绿色消费：'提高环境质量的挑战和行动'，节目现场skype连线在北京的绿家园志愿者召集人@汪永晨，了解中国环境志愿者的环保行动"，并提供了视频链接，供网友观看了解。

其次，民间组织利用微博培育公众的公益精神。民间组织发展壮大的基础在于公众的公益精神，但是当前公众的公益、志愿精神还不能满足所需。民间组织的正常运行主要依靠慈善捐款和志愿者的志愿行为①。正由于志愿精神和参与意识不足，导致民间组织的财政危机正在影响民间组织的正常运行，甚至导致一些民间组织铤而走险。比如网络上爆出了某些公益组织利用捐款投资房地产来盈利的丑闻。在中国现阶段，社会公众对民间组织的性质、功能和运作机制等了解不够，也缺乏对志愿行为的认同，导致民间组织缺乏社会公众的广泛支持。微博则为培育公共精神提供了载体。民间组织应该利用微博广泛快捷等优势，面向大量的微博用户群，传播民间组织的理念，培育社会公共意识，强化社会公益、志愿精神，让互助友爱的公益精神渗透到广大社会公众心中，形成整个社会有志于为公益和公共事业作出贡献的良好氛围。2014年9月30日，国际环保组织绿色和平的官方微博"@绿色和平"发布微博呼吁网友行动起来："2014纽约气候峰会能够发表《纽约森林宣言》，证明我们已经走在了正确的道路上。我们何不再往前一步，尽早行动起来呢？无论依然身在纽约或是已经回

① 贺艺、刘先江：《非政府组织与社会治理：作用、困境及其出路》，《武汉科技大学学报》（社会科学版）2007年第4期。

家，所有人都无法逃避自己肩负的责任。”

其次，民间组织利用微博融资。经济基础决定上层建筑，没有一定的经济支撑，民间组织很难得到良好的发展。民间组织是非营利性组织，不允许进行营利性活动，其经费来源主要是依赖企事业单位和民众的捐款。而在当前的中国，由于经济发展程度有限，相对而言，企事业和民众的捐款意识较低，志愿精神缺乏，导致中国相当一部分民间组织处于资金严重短缺的状态。据统计，中国民间组织由各级政府提供财政拨款和补贴占到50%，而募捐收入、国际组织和国外政府资助等方面的收入合计不到5%①。资金短缺从根本上影响了民间组织活动。民间组织经费短缺的原因就在于企事业单位、各种基金组织和社会公众没有意识到民间组织的存在，也没有发现民间组织的重要职能和价值。微博作为联系政府、民众、企事业单位的纽带，民间组织应该积极加以利用，传播自身的价值和理念，努力提高自身在社会上的知名度和公信度，吸引民众支持。可以通过微博发布或转发一些需要帮助的信息，并发布真实准确的接受捐款的信息。可以借助于发展过程中的一些重要节点，吸纳民众捐款捐物，公开账目明细，在微博上发布捐款的详细用途，塑造公开、公正的印象，让公众熟悉民间组织的功能和运作机制，吸纳更多的财力和物力。比如，2014年1月3日，国际环保组织绿色和平的官方微博“@绿色和平”发布了微博，呼吁民众“花1元选购数据”：“1元钱能做什么？支持@绿色和平继续做儿童产品的有毒有害化学品调查，并借此监督儿童品牌和生产厂家！守护下一代，还孩子们一个安全可靠的成长环境。目前数据库已有671份儿童产品的第三方独立结果，涵盖玩具、童装、文具等。”2010年1月2日，中国扶贫基金会官方微博“@中国扶贫基金会”呼吁民众捐款帮助青海的孩子：“捐款200元就可一对一资助一个青海民和的孩子，你可以把你希望资助女孩的愿望告诉我们，我们可以给你安排。//@罗敷倚梦：一对一帮助一个女孩子需要怎样办理?”这些都是民间组织利用微博融资的例子。

① 贺艺、刘先江：《非政府组织与社会治理：作用、困境及其出路》，《武汉科技大学学报》（社会科学版）2007年第4期。

再次，民间组织利用微博吸纳公益人士和民众参与。民间组织作为某个专业领域内的组织，本身是由一些专业人士和志愿人士组成的。人才是组织发展的关键因素。专业人士的缺乏也是民间组织发展和参与社会治理的瓶颈。在人力资源方面，中国民间组织缺乏固定的人力资源补充途径。微博上交叉传播网络能使志同道合的人士通过互相关注共享知识和信息，形成利益集体，更加自觉地加入民间组织①。微博用户群巨大，历次微博事件证明微博上有大量的热心公益人士。民间组织要利用微博的影响力，吸引关注，吸引大量的公益人士成为志愿者，推动自身发展。比如微博公益活动“免费午餐”就利用微博获得了大量捐助，并吸引了大批志愿者参与。微博有大量高素质人才，民间组织要利用微博吸纳人才，尽可能地吸引高素质人才参与进去，利用微博把更多有爱心的人组织起来，使其积极投身于为社会公益事业的服务中②，壮大民间组织队伍。比如中国扶贫基金会认领了贫困山区和青海支教新年愿望，源源不断的新年愿望被发到微博上，总量已经接近 8 万条。《凤凰周刊》记者邓飞以及 500 多名记者和国内数十家媒体联合中国福利教育基金会于 2011 年 4 月 2 日在新浪微博正式宣布启动发起了“免费午餐”公益项目。比如“大爱清尘”多次以“志愿者招募”“大爱讲师团招募”“大爱清尘欢迎你”为微博话题吸引网友参与，呼吁“热心公益的伙伴们，踊跃参加，积极报名”。海外中国教育基金会官方微博“@ OCEF 海外中国教育基金会”以“招募志愿者”“义工招募”为主题发布了多次微博，并“长期招募志愿者”。“@绿色和平”发布了“2014 绿色和平夏季实习生招募”。微博打拐、中国扶贫基金会都以“志愿者招募”“呼吁更多人加入”，呼吁商业伙伴和广大民众参与。

最后，利用微博提升成员的素质。人是组织的主体，只有民间组织成员素质整体提高，才能够提升其社会治理能力，胜任政府、市场不擅长和退让出的社会治理空间。目前，我国现有非政府组织普遍存在着人

---

① 陈世华、韩翠丽：《微博参与社会治理的方方面面》，《中国出版》2012 年第 10 期。

② 贺艺、刘先江：《非政府组织与社会治理：作用、困境及其出路》，《武汉科技大学学报》（社会科学版）2007 年第 4 期。

员素质不高、运作不规范、运行乏力的问题。而从国外的情况来看，民间组织是专家、高学历者、高智力人员的聚集地[①]。因此要提高人员素质，加强对现有在职人员的培训和再教育。微博拥有海量信息，可以通过互相关注，学习其他民间组织的经验，取长补短，学习海外经验。在国外微博平台上，关注其公益组织的做法；关注专业微博，如法律专家、社会专家，发现最新问题，了解最新政策；提升敏感性，培育自主性，提升行业竞争力。民间组织要利用微博发布一些浅显易懂的专业知识，让成员间容易形成相互支持、互助合作的氛围，促使全社会形成热心公益、扶贫帮困、团结互助、平等友爱、共同发展的社会氛围和人际关系[②]。大爱清尘就成立了志愿者学院，并在微博上大力宣传。2014 年 10 月 14 日，“@中国扶贫基金会”发布了微博普及公益知识：“#每日益讯#《冯仑：做公益如‘大姑娘新婚’》企业家关注和从事公益是必然的，我的方式是‘貌离神合’，就是价值观是一样，环境啊，人与自然和谐相处啊，阿拉善这么做，房地产也这么做。在人造空间里面……都要花很大工夫让它们节能环保。这是用一种价值观来协调公益和企业这两件事。”2015 年 1 月 22 日，“@公益慈善人才”（中国青年公益慈善人才培养计划官方微博）发布了微博，告知网友相关税费知识：“《公益捐赠后的所得税退税、免税怎么算?》2009 年轰动全国的基金会联名抗税事件仍然记忆犹新，公益税和税务相关的事宜一直令人困惑。虽然今年政策相对更进，但如雨后春笋般崛起的公益机构仍然急需补课和支援。谁应该被免税？免多少？如何免？这篇文章为您悉数道来。”并配发了长微博。中国红十字总会的微博转发了“救援小百科”的长微博。2014 年 3 月 5 日，“@NGOCN”（NGO 发展交流网）制订了“公益青年记者培训计划”，并在微博上推广：“我们知道，许多公益议题没有被大众媒体报道，不代表没价值。如果你不满足于大众媒体的‘新华体’通稿，如果你希望为自己关注的议题发声，欢迎加入#公益青年记者培训计划#详情

① 孙凯民、黄河、陈亚男：《当前我国社会治理结构中的 NGO 缺失及其培育》，《内蒙古大学学报》（人文社会科学版）2007 年第 1 期。

② 吴光芸、李建华：《论民间组织在公共治理中的作用》，《学会》2009 年第 7 期。

点击：http：//t.cn/8FDHmUZ。”2014年9月18日，“@微博打拐”就发布微博解释了“打拐”的含义：“《被误解的‘打拐’》将‘乞讨儿童’认定为‘被拐儿童’，犯了先入为主的错误，还造成另一个严重后果——真正的被拐儿童被忽略。爱心至关重要，但行动之前仍需适当思考，才能得到适当结果。被拐儿童和乞讨儿童都需要救助，但要采取不同的方法，不能张冠李戴用错了‘药’。”这些微博都在传播公益知识和操作规范，提高民间组织成员和社会公众的素质，有助于他们更加有效合理地参与公益活动。

第二节　民间组织利用微博联系民众和政府

民间组织由于其公益性、非营利性、公正性，更容易获得民众和政府的信任。民众会借助于民间组织表达诉求，反映问题。政府也会借助于民间组织深入民众和专业权威的特性，解决他们所不能解决的问题。民间组织不仅可以成为政府的帮手、公益事业的补充，而且可以充当有效的社会控制中介[①]，在国家与社会间、国家与个人间扮演缓冲的角色。民间组织是沟通政府与民众的桥梁，而微博则使这种沟通更为便捷。民间组织一般是某个领域内的权威，对下，其微博能对民众进行培训和再教育，提高民众素质和参与能力[②]；对上，民间组织通过微博关注和讨论公共事务，汇总不同利益集团的声音和意愿，为政府的决策提供辅助和参考。在民众和政府发生不信任和冲突的时候，民间组织可以利用自身资源和权威性，疏导民情，缓和矛盾，化解矛盾，凝聚人心。比如在环保公益活动中，环保组织就利用微博了解环境问题，并向政府反映情况，提供专业的解决方案，有助于环境保护和治理。民间组织要利用微博，凝聚民众的意见，传

---

① 贺艺、刘先江：《非政府组织与社会治理：作用、困境及其出路》，《武汉科技大学学报》（社会科学版）2007年第4期。

② 陈世华、韩翠丽：《微博参与社会治理的方方面面》，《中国出版》2012年第10期。

达官方信息，实现自下而上的沟通和自上而下的传递[①]，促进官民沟通和社会和谐。

第一，民间组织利用微博听取民意，下情上达。在利益多元化的社会里，存在着多种利益主体。在各种利益群体中，有强势的，例如有经济实力的企业，也有弱势的，如失去土地又无社会保障的农民。强势者的利益表达与诉求容易传递，会有多种路径选择，社会关注程度高；而弱势者的利益表达与诉求往往缺乏有效的途径，不容易引发注意，以致有些人采取极端行动来维护自身权利。由于民间组织的使命和特性决定了其为弱势群体服务的价值取向，因此弱势群体的声音和诉求往往通过民间组织反映出来。由于民间组织的公益性，更容易受到公众信任。政府由于管理的事情多，关注的机构和人物太多，关注点是有限的，精力也是有限的，不可能时时刻刻关注民意。这就需要有一个中介将民意进行汇总梳理。而民间组织是扮演这个角色的不二人选。民间组织的主要活动是在社会基层，为民众特别是为弱势社会群体服务[②]，最为贴近服务对象，更了解服务对象的需求，对社会问题最为敏感，体会最为深刻，能够对服务对象的需求作出及时反应。所谓“春江水暖鸭先知”。民间组织是最先体察民情、扎根于人民群众之中的社会组织。民间组织所独具的社会性、整合性、广泛性等治理特质能够实现早觉察、早预警，对社会冲突较为敏感，往往在社会冲突萌芽之际，及时发现，及时干预，从而弱化社会矛盾。而在传统社会，民间组织难以获取民意，甚至受官方的约束。微博由于廉价、快捷、点对点的传播特性，可以获取大量民意，经过权威的整理和汇总，可以为决策者提供一些参考。民间组织要利用微博，做好下情上达，帮助民众进行政治参与，利用微博提自民间、贴近民众、与民接触、为民服务的优势，及时发现民情民意，吸纳民意，传达民众诉求。民间组织能以自身的特质和优势，发挥整合作用，把众多散落的、繁杂的个人意志聚合起来形成“公意”，得以在政府决策乃至政纲中体现，从而“以一种制度化的公共利益

① 吴光芸、李建华：《论民间组织在公共治理中的作用》，《学会》2009 年第 7 期。

② 蒋艳：《欠发达地区社区参与旅游发展分析》，《延安大学学报》（社会科学版）2006 年第 1 期。

取代了四分五裂的个人利益”。民间组织要利用微博代表所属群体理性、合法地表达其利益，以实现有效的下情上达①。民间组织要鼓励民众积极给民众组织@，通过转发留言、私信、评论等互动方式反映诉求。对信息进行汇总，集中提交给有关部门，供政府决策参考，促进政府决策的科学化和民主化。“@微博打拐”就经常@有关部门将弱势群体的声音表达出来。2014年10月18日，“@大爱清尘”发布了微博：“他们是需要关注的弱势群体。@大爱清尘—甘肃#岷县探访#据了解，岷县老幼店村尘肺患者较多，但基本属于轻度患者，而且当地村民自我保护意识尚可，感觉不适都会停止涉尘工作在家休养。但是他们的主要经济来源还是依靠种植农作物和在工地打工，如果不去打工，仅仅靠山吃山，生活还是很难维持下去。@大爱清尘@王克勤”，将需要帮助的人在微博上呈现出来，呼吁广大民众关心和救助。

第二，民间组织利用微博传递政情，上情下达。民间组织由于专业性和公益性等特征，更具有公信力，更容易获得民众的信赖。加上中国普遍存在的仇官仇富情绪，民间组织作为联系官民的中介的重要性凸显出来。民间组织对政府决策的传达往往能起到意想不到的效果。微博为上情下达提供了重要的渠道。民间组织要利用微博将党和政府的方针政策以通俗易懂的方式传达给底层民众。民间组织要在微博上及时发布国家政策和决定，并进行相应的专业解释，消除民众疑惑，引导民众的观念和行动。由于民众的专业素养缺失和仇官情绪以及偏见存在，民众对政府相关决策和行为往往持批评态度。民间组织要发挥贴近民众和专业权威的优势，对有关决策进行权威和通俗的解释，动之以情，晓之以理，让民众充分理解。消除误会，增加理解，推进决策的推行和实施。比如2014年5月9日，“@残培基金会”就在微博上对《残疾人权利公约》进行了解释：“【残疾人权利公约】《残疾人权利公约》于2006年12月13日由联合国大会通过，并于2007年3月30日开放供签字。《公约》有146个签字国，有90个缔约国批准了《公约》。《残疾人权利公约》是国际社会在21世纪通过

① 吴光芸、李建华：《论民间组织在公共治理中的作用》，《学会》2009年第7期。

的第一个综合性人权公约，也是首个开放供区域一体化组织签字的人权公约。”2013 年 12 月 10 日，“@ 国际中国环境基金会 IFCE” 的微博发布了联合国的环保报告：“联合国环境署刚发布的综合报告《中国绿色长征：基于可再生能源、环保和水泥产业部门的研究》，通过对太阳能、风能、生物质能、水泥和环保产业的回顾和分析，总结这些产业中所蕴含的能够推动绿色经济的最近进展和政策建议。”2014 年 10 月 29 日，“@ 中国扶贫基金会” 发布了 “扶贫快讯”，宣传了高层的精神：“【扶贫快讯】今天是 10 月 29 日。在今天的国务院常务会议上，李克强总理确定了发展慈善事业措施，国家将汇聚更多爱心扶贫济困。李克强：确定发展慈善事业措施汇聚更多爱心扶贫济困@ 刘文奎@ 中国扶贫基金会。”2014 年 1 月 28 日，“@ IFCE 何平” 在微博上发布了中国总理对环保问题的意见：“李克强：要直面环境污染问题向污染宣战”，配发长微博，鼓舞民众。2014 年 4 月 14 日，“@ 余杭公安” 在微博中发布了 “被收养人的户口申报登记” 的相关规定：“#户政之窗#【关于被收养人的户口申报登记之一】对私自收养非社会福利机构抚养的查找不到生父母的弃婴和儿童，符合《中华人民共和国收养法》规定条件，到县级以上人民政府民政部门依法办理收养登记，收养人可凭《收养证》，向其常住户口所在地派出所提出落户申请，经区公安机关审批同意后，办理落户。”2014 年 6 月 4 日，“@ 绿色和平” 发布了国务院环境质量的新闻发布会，传达了相关精神：“国务院新闻办公室刚刚结束了环境质量新闻发布会，并在环境日到来之际发布《2013 中国环境状况公告》。纵观中国目前的环保形势，‘一半以上的地下水质差、95% 的大中城市空气不达标、1/3 的土地遭侵蚀’，水、空气、土壤必然是向污染宣战的三大战场，但战局极其严峻，这场仗不好打啊!”

第三，民间利用微博协调社会冲突，调解矛盾。从社会稳定的角度来看，社会组织充当了 “安全阀” 的作用。民间组织的自治性、民间性等特点及其社会中介地位使其能够规范社会行为，缓解社会矛盾，维护社会稳定[①]。社会上多元主体必然伴随着不同的利益诉求，反映在微博上，就体

① 吴光芸、李建华：《论民间组织在公共治理中的作用》，《学会》2009 年第 7 期。

现为微博声音多样庞杂，同样存在一些不理性的声音，民众看待事物的视角不一样，价值观和立场也不一样，往往会出现一些矛盾冲突。民间组织要充分发挥专业性、权威性的特点，利用微博主动调节民间纠纷与利益冲突，协调各方利益，调整各方关系，化解社会矛盾，促进社会和谐。民间组织要利用微博促进各利益集团之间的沟通与理解。在社会冲突发生以后，社会组织要利用微博化解矛盾，发挥润滑剂、稀释剂的重要作用，为化干戈为玉帛作出贡献[①]。

第四，民间组织利用微博建言献策。民间组织一般是由专业人士和志愿服务者构成，往往是某个领域中的权威，有着良好的专业素养，权威性和公信力、影响力都较大。民间组织可以充分发挥自身特长为政府的决策提供科学依据，建言献策。在社会问题的应对和处理中，民间组织具有不可替代的优势。民间组织可以利用自身的专业性和权威性，从专业视角，为政府决策提供一些建议和意见。民间组织可以通过自身的专业视角，提供科学的见解，促进合理政策的制定和通过，阻止不科学的决策。民间组织应该充分利用微博的传播特性，将自身的意见和建议发布出来，并及时通过@、评论等方式让有关部门了解，供有关部门参考。由于民间组织的权威性，会引起决策部门的注意。一方面可以促进决策的科学化和民主化，另一方面可以通过长期的积累增强民间组织的权威性，也有助于民间组织树立形象，增强吸引力，吸引更多人参与。比如 2009 年 10 月 8 日，“@中国扶贫基金会”转发了潘石屹的微博，并在评论中提出建议：“潘总，开发商主导将物业公司‘转型’为社会型公益机构或社会企业或许对于开发商、社区居民更有益处。就对住房问题和房地产产业发展提供了新的视角和建议。”2014 年 4 月 10 日，“@爱志愿网”围绕流浪人员信息发布了一个建议：“我有个想法，提议我们公益机构可以把一些社会流浪人群的信息收集起来，用我们共同的公益资源联网共享，也许还可以防范一些利用人们同情心的社会诈骗行为。@大爱清尘@爱小丫基金@小雨鞋基金@北京微笑公益@青年公益平台，你们觉得呢？”2010 年 1 月 11 日，

① 邓伟志：《如何构建和谐社会》，《企业研究》2005 年第 6 期。

"@中国扶贫基金会"提出了一个建议："@网票网我们有个公益提议，可否拿出几张阿凡达的电影票在新浪微博上义卖（拍卖），义卖所得捐赠给中国扶贫基金会，用于给青海灾民和家庭贫困的孩子捐款'温暖孩子爱心套装'（羽绒服+帽子+手套），帮助孩子们温暖过冬。"2014年10月26日，"@大爱清尘"的微博为公众的日常生活提供了一些建议："雾霾散去，亦不可放轻松，及时做好清洗和调理工作，更有利身体健康。1. 窗帘清洗；2. 空气净化器保养；3. 给爱车洗个澡；4. '三色'食物调理；5. 选择好天晒衣物；6. 开窗通风换气；7. 更换新口罩；8. 恢复锻炼。#大爱清尘#希望每天多一些蓝天，各位晚安。"2014年10月9日，"@绿色和平"就对APEC会议的召开提供了"停工限行"的建议："#求放雾霾假#为了APEC的顺利召开，我们欢迎短期停工限行；为了孩子们的健康，可否也考虑一下马上停课限行？——已经连续吸霾三天的京津冀人们需要提前获得'APEC待遇'啊喂~。"

第五，民间组织进行微博监督。由于社会组织是由社会民众组成的，和社会民众一样，社会组织具有监督的功能。由于社会组织的公益性和专业性，民间组织的监督往往更有效、更有力。民间组织有权利对政府决策过程和实践进行监督和评估。由于民间组织的专业和权威性，监督也更科学、更高效，能够提出更多建设性意见，能够发现社会治理中的问题和缺陷。民间组织要利用微博及时发布、转发评论和私信等功能，指出社会治理决策和实施中的问题，防止权力的越轨，保障权力运行的科学规范。政府和公众会顾忌民间组织的专业性和影响力，以及微博的巨大影响力，对民间组织通过微博的监督持高度重视的态度，无形之中就督促了政府运作的科学和规范。2012年12月16日，"@微博打拐"发布了微博，对民政部门的工作进行了质疑和监督："【2012年底是否实现城市街面无流浪乞讨未成年人?】2011年至今，民政部相关负责人曾在多个场合表示和重申积极开展'接送流浪孩子回家'专项行动，力争到2012年底基本实现城市街面无流浪乞讨未成年人的目标。现在离2012年结束已不到半个月，强烈呼吁相关部门将此项工作状况对社会公开并接受公众检验。"还发布了："公安部在2011年底称2012年底将消除街头儿童乞讨，做到了吗?！//@

微博打拐：2012 年 9 月，时任民政部部长李立国表示当年底实现街面无流浪乞讨儿童。试问：这些孩子都被你们从街面赶到地铁里去了吗?！//@微博打拐：不知道@公安部打四黑除四害@微言教育@民政微语怎么看，真的对此一无所知?”“@微博打拐”也对公安局的部分做法提出质疑：“当地公安不肯提供相关证明，让受害者返乡之路难以成行，试问当地公安机关有什么理由拒绝这样的请求？受害者是弱势群体，团圆本是喜事，别让她再寒心！@陈士渠@河北发布@河北公安网络发言人@河北青年报@四川司法。”这些微博都是有理有据的质疑和监督，有助于有关部门做好本职工作，促进社会和谐。

第三节　民间组织利用微博进行社会动员

民间组织有社会动员和社会倡导的“天赋”。自然之友、地球村、希望工程、春蕾计划、微博打拐、免费午餐等众多公益项目，通过积极反映民众诉求，动员社会资源向农村、偏远地区流动，使贫困人口、妇女、儿童、残疾人得到了社会的关爱，解决了上学、看病等实际困难，在一定程度上缓解了社会矛盾。由于民间组织的公益性①、民间性和草根性，民间组织能够广泛联系群众，与群众利益息息相关；而出于官民之间的矛盾，民众对政府存在一定的抵触心理，民间组织更具有公信力和吸引力，民众往往认为民间组织更值得信赖，在社会倡导和社会动员上有不可替代的作用。在一些长久以来形成的社会问题上，政府束手无策，而民众缺乏有力的组织，导致问题迟迟得不到解决，民间组织能够利用自身特色，动员和整合社会各个行业的力量共同解决这些社会问题。2010 年 8 月 7 日，甘肃舟曲发生泥石流灾害，“@中国红十字基金会”就利用微博动员广大民众参与救助。8 月 13 日，“@中国红十字基金会”在微博上发布了“援助舟曲救灾倡议书”，呼吁民众参与救灾：“甘肃省甘南州舟曲县因持续强降雨

① 吴光芸、李建华：《论民间组织在公共治理中的作用》，《学会》2009 年第 7 期。

引发严重泥石流灾害，9 日，中国红基会紧急联合媒体共同发出了《援助舟曲救灾倡议书》。该倡议书得到了广大媒体和爱心人士、爱心单位的关注和响应。截至 8 月 13 日下午 3 时，中国红基会已收到社会各界支援甘肃舟曲泥石流灾区的善款 350 余笔，共计 719 万余元。”2010 年 12 月 18 日，“@绿色和平”呼吁民众拒绝使用一次性筷子：“根据国家林业局 2004 年到 2009 年的统计数字，中国年产约 570 亿双一次性筷子，每年为生产一次性筷子而减少森林蓄积 118 万立方米，相当于消耗约 380 万棵树。如果把中国年产的一次性筷子首尾相接，可以往返月球 15 次。请赶快行动，在举手投筷之间保护森林，一起来承诺拒绝一次性筷子吧。”2014 年 3 月 7 日，“@绿色和平”在微博上动员广大民众保护老虎：“【保护老虎动起来～】最近，绿色和平的志愿者们在全球不同的国家里发起了#守护天堂雨林#的行动，呼吁棕榈油消费大户宝洁公司履行应有的企业社会责任，制定对森林和老虎友好的采购政策。保护世界上最后 400 只老虎，一起动起来!”

在互联网诞生之前，民间组织的社会倡导和动员的途径是自身的宣传，但范围有限，而媒体中的宣传资源又极为有限，民间组织不一定用得上。互联网诞生后，为民间组织的动员提供了高效便捷的渠道；微博诞生后，加快了社会动员的速度和效率。微博用户群巨大，不仅有大量的爱心人士，也有一些热心公益的企事业单位。民间组织利用微博吸纳民众参与，在一些社会问题上，及时发布问题，成立项目，在微博上广泛散播，吸引民众关注，比如微博打拐。民间组织应该利用微博的影响力，通过发布权威信息，实施社会援助，解决社会问题，增进社会福利，缓解社会矛盾。民间组织通过微博传播具有很强感召力的共同目标和组织成员自觉认可的价值理念，争取社会民众的广泛认可，在环境保护、反对战争、帮助弱者、救苦济难中发挥重要作用。民间组织要善于利用微博开展社会动员，开展公益活动，呼吁民众参与，并全程在微博上直播受捐助的情况、公益活动的进展和效果，及时将被帮助的人和事在微博上公布出来，传播成功的典型，树立民间组织不负众望的形象。

民间组织要利用微博帮助社会弱势群体。社会弱势群体是由于某些障碍及缺乏经济、政治和社会机会而处于不利社会地位的人群。政府本来应该是保护弱者的坚强后盾，是社会公平的实现者和保护者[①]；但在现代社会，由于政府能力有限，不能顾及所有的弱势群体，往往容易忽视残疾人、妇女、儿童等弱势群体的利益。正是由于社会弱势群体无法得到有效保护，导致了社会群体性事件频发。从弱势群体的角度来说，弱势群体的诉求表达渠道单一，往往无法被有关部门所了解，也无法得到真正的帮助。从民间组织的角度来说，由于民间组织一直缺乏沟通渠道，亲自去了解弱势群体的现状，费时费力，又效率低下。微博诞生后，为民间组织了解弱势群体的现状提供了高效便捷的渠道。弱势群体可以借助微博向民间组织寻求帮助，而民间组织可以利用微博及时获知弱势群体的诉求。民间组织通过各种互动设置，设立一些话题和主题，获知需要帮助的人的信息。实施帮助之后，再进行公布，以便其他需要帮助的人通过这样的方式来寻求帮助。红十字会利用微博在政府和民众之间搭建桥梁，既帮助政府解决社会救助问题，又满足弱势群体最迫切的需求，提升了底层民众的幸福指数。2014 年 4 月 6 日，“@残疾人互助联盟”发布了一条微博，呼吁网友帮助一名困难者：“请大家尽自己的一份力气，关注与支持他，请社会公众的力量帮他改变不公的命运，跪谢!”并转发了一名求助者的私信图片。

民间组织利用微博发布权威信息，进行宣传教育。由于民间组织都是某个专业领域中的权威，可通过启发、教育和引导民众参与社会治理，鼓励和帮助民众维护自身权益，提升民众的素质和修养。在当前的中国，民众素质参差不齐，尤其是专业领域的知识缺乏，导致认识出现偏差，很多谣言的产生和传播在很大程度上源于人们缺乏专业知识。在当前环境下，由政府包办科普工作已经不可能。在科普工作方面，非政府组织担负相当重要的职责。目前，我国也诞生了一些网络科普组织。这些科普组织致力于民间的网络科普工作，在缓解一些公共危机中发挥了重要作用；但这些科普组织能够利用的渠道有限，很难与普通大众全面和直接接触。传统社会民间组织由于缺乏传播的渠道和平台，宣传的效果有限，影响受众少，

① 贺艺、刘先江：《非政府组织与社会治理：作用、困境及其出路》，《武汉科技大学学报》（社会科学版）2007 年第 4 期。

覆盖面窄。互联网诞生后，成为这些民间组织传播信息、联系网民的重要平台；有了微博后，微博可以聚集大量的粉丝，经过粉丝的再转发，影响更大，更能起到宣传教育的作用。微博由于其传播特性，更是能够触及社会的每个角落。民间组织要利用微博将这些权威消息发布出来。在2011年日本海啸引发的中国“盐荒”的谣言过程中，民间科普组织“科学松鼠会”配合政府机构，在微博发布大量的权威消息，对消解“碘盐防辐射”网络谣言引发的公共危机起到了重要的辅助作用①。比如近些年来，尘肺病成为严重影响民众健康的一种职业病。2011年6月30日，“@大爱清尘”在微博上转发了财新网的微博，强调了尘肺病的严重影响：“#大爱清尘#尘肺病是危害我国工人健康的最严重的职业病。他们不仅被剥夺了健康，也被剥夺了追求幸福的权利。在此，我们强烈呼吁爱心人士、责任企业、相关部门等社会各界，关注尘肺病，支持大爱清尘行动，让尘肺病农民兄弟们能自由畅快地呼吸！@财新网：【全国职业病75万例尘肺病占9成】目前我国30多个行业近2亿劳动者不同程度地遭受职业病危害，卫生部资料显示，截至2010年底，全国累计报告职业病749970例，其中累计报告尘肺病676541例，占比90.21%。”2014年7月16日，“@大爱清尘”在微博上发布了尘肺病的严峻现实：“【尘肺仍居中国职业病之首】国家卫生和计生委最新发布：2012年，全国共报告职业病27420例，其中尘肺病24206例，占职业病报告总例数的88.28%。煤工尘肺和矽肺最多。关注尘肺，关注生命！那些承受不了苦痛的，并不是自私，但留下来的一定是伟大的！为那些尘肺病人和病人家庭努力！#1元钱挽救生命5小时#。”2014年9月28日，“@大爱清尘”转发了传统媒体的微博：“【@工人日报：报告称中国职业病九成是尘肺病　煤炭粉尘系元凶】南京医科大学附属无锡人民医院陈静瑜称，大部分中小非公企业没有缴纳工伤保险，导致工人患尘肺病后，无法通过工伤保险基金得到及时救治，病死率极高。他建议必须强制性征缴工伤保险，同时落实工伤保险先行支付制度。”2014年10月6日，“@大爱清尘”又发布了一条微博，教育职业病患者争取自身的合法

① 刘荣、刘艳：《善治语境下网络谣言治理的多元主体结构》，《广西社会科学》2012年第9期。

权益："【职业病患者可申请工伤赔偿】近几年，尘肺病是申请的工人中较常见的职业病，但提出申请的人数也不多。2011 年受理了 13 宗，2012 年受理了 2 宗，2013 年共受理了 8 宗，截至 2014 年 8 月底，仅受理了 1 宗。@王克勤@梅州网。"2014 年 10 月 31 日，"@大爱清尘"发布了传统媒体的报道，提醒广大民众注意尘肺病："【重庆晨报：建筑行业工人易发尘肺病】尘肺病是我国目前患病人数最多、危害人群最广、造成损失最大的职业病，仅重庆市就有 40000 名尘肺病患者，根据全国累计报告尘肺病总人数中，农民工占 90%。"2014 年 11 月 2 日，"@大爱清尘"转发了自身的一些公益工作，普及尘肺知识："棒棒哒～～大爱走向学校，普及尘肺知识，让尘肺家喻户晓！"//@春晖人刘仕能："今天，大爱清尘贵州工作区行政部部长王博回到母校，作《大爱清尘，行动带来改变！今天，你公益了吗?》主题讲座，向同学们介绍'大爱清尘·寻救中国尘肺病农民兄弟大行动'公益，重点分享贵州区开展的各项活动。@大爱清尘@大爱清尘—贵州@潘海深—大爱清尘@张鹏飞—大爱清尘@史健平@赵若彤—大爱清尘。"2014 年 11 月 23 日，"@大爱清尘"发布了专家对尘肺病的解释："【专家：尘肺病人更易得结核　发病率高达 20%】作为尘肺病最常见并发症之一，肺结核的发病率在尘肺病人中高达 20%。两病结合，共同使病灶进展，形成一种极其强烈的破坏过程，导致肺功能快速下降，劳动能力丧失，直至不能生活自理。"这些民间组织通过微博发布的权威信息和知识，有助于民众对尘肺病的准确认识、预防和治疗。2014 年 10 月 19 日，"@绿色和平"发布了全国 74 个城市的 PM2.5 浓度："2014 年 10 月 19 日，@绿色和平再度发布第三季度全国 74 个城市 PM2.5 浓度水平排名。总体上看，全国各城市 PM2.5 污染持续严重。夏季良好的气象条件并未扭转大部分城市超标的局势。随着雾霾多发的冬季来临，距离交出年度治霾成绩表还有不到三个月，再不行动就晚啦。完整版 190 个城市排名请点→2014 年前三季度全国各城市 PM2.5 浓度回顾：年度空气改善目标堪忧。"2014 年 10 月 28 日，"@绿色和平"发布了湖南衡东县稻米重金属污染调查报告："四月，@绿色和平发布了湖南衡东县稻米重金属污染调查报告，环保部昨日发布处理结果，污染企业停产整顿，儿童血铅情况得到排查，但当地严重的稻田污染和镉米超标问题却未涉及。根据我们七月的跟踪调查，当地稻田减产和大米镉超标依然严重，镉米大量流入市场，也许就在你的餐桌上。”中国红十字会总会因为郭美美事件遭遇了严重的信任危机，就多次利用微博进行信息公开和权威发布，努力重新树立形象，争取民众的信任和支持。2011 年 6 月 22 日，“@中国红十字基金会”在微博上强调反对借助于郭美美事件进行炒作：“中国红十字会一贯反对那些企图通过制造虚假信息达到对个人进行炒作的行为方式，也希望社会各界以平和心态看待此类问题，不被利用。最后，感谢社会各界长期以来对红十字事业的支持，希望继续对红十字会工作进行监督。”2011 年 12 月 31 日，“@中国红十字会总会”发布了“联合调查组报告”，澄清事实：“【联合调查组报告】由监察部、中国社科院社会学所、北京刘安元律师事务所、中国商业联合会和中国红十字会总会相关人员组成的联合调查组，对商业系统红十字会进行了全面调查，近日形成了调查报告。”2013 年 2 月 20 日，“@微博打拐”以“打拐观察”为话题，转发了《法制日报》关于首个国家反拐计划的报道，及时传达信息，提醒民众：“#打拐观察#【@法制日报　披露首个国家反拐计划实施详情】首个国家反拐行动计划实施以来，全国各级法院共审结拐卖妇女、儿童犯罪案件 8599 件，依法惩处犯罪分子 14122 人。其中，2010 年全国法院共审结拐卖犯罪案件 1919 件，与 2008 年相比上升 41.83%；依法惩处犯罪分子 3679 人，比 2008 年上升 70.56%。”

在一些网络谣言出现后，民间组织可以利用微博发布权威消息，破除谣言。民间网络辟谣组织在谣言危机兴起时，通过主动地调查并及时发布事件真相①，有效减少网络谣言产生和扩散的概率。非政府组织的反应灵敏性优于政府机构，但由于缺乏有效的沟通和发布渠道，没有真正体现出非政府组织反应迅速、行动灵活的组织优势。互联网诞生后，成为这些民间组织传播信息、联系网民的重要平台。互联网为民间组织发布权威信息提供了新的渠道。民间组织应该利用微博第一时间将权威消息发布出去，

① 刘荣、刘艳：《善治语境下网络谣言治理的多元主体结构》，《广西社会科学》2012 年第 9 期。

打消民众的疑惑，对舆论进行科学引导。“@全国卫生12320”是全国12320卫生公益热线官方微博，致力于发布民众关注的热点健康信息和卫生政策信息。其微博内容包括“12320健康”“12320问候”“12320播报”以及各种转发扩散等。2013年3月31日，国家卫生和计划生育委员会通报上海、安徽两省发生3例禽流感病例后，3月31日至4月6日14：00，“@全国卫生12320”官方微博发布了H7N9禽流感相关知识原创微博215条，转发其他微博64条，被转发和评论万余次，阅读量135万次。除了常规的信息公开，“@全国卫生12320”还于4月3日晚7点对国家卫生和计划生育委员会组织专家答记者问进行了现场微直播，及时发布了权威信息；4月4日18时起发起微博调查，开放式征求网友对人感染H7N9禽流感最想了解的内容和希望获取信息的渠道的相关建议。不仅如此，“@全国卫生12320”针对网友的健康知识需求发布人感染H7N9禽流感的相关知识，还针对2起网络谣言，及时辟谣，第一时间公布真相，发挥了很好的传播效果。在郭美美事件中，2011年6月22日，“@中国红十字基金会”在微博上对郭美美的身份进行了辟谣，以正视听：“近日，一名为‘郭美美baby’的网友自称是‘中国红十字会商业总经理’，在网上炫耀其奢华的生活方式，引发网友热议甚至炒作。中国红十字会对有关信息调查、核实后，特作如下说明：一、中国红十字会没有‘红十字商会’的机构，也未设有‘商业总经理’的职位，更没有‘郭美美’其人。”

民间组织利用微博接受监督。权力需要接受监督，缺乏监督会导致权力的异化。中介组织缺乏自我约束和自我管理机制。民间组织工作开展不可能十全十美，总会有一些缺陷和需要完善之处。民间组织要意识到监督的重要性，对民间组织的监督有助于自身决策和行为的科学性和规范性。在传统社会，民间组织的监督主要来自政府的管理和规制。由于缺乏有效的渠道，民众对民间组织的监督形同虚设。微博为民众监督民间组织提供了新的工具。民间组织要有接受监督的意识①。民间组织利用微博积极主动进行信息发布，接受民众监督，强化行业自律，约束自身行为，防止民

① 吴光芸、李建华：《论民间组织在公共治理中的作用》，《学会》2009年第7期。

间组织从治理工具蜕变为利益集团；及时在微博上发布工作进展和细节，自觉把自身的管理和服务工作置于社会民众的视野范围之内，接受政府和民众的监督①。中国规模较大的官方公益慈善组织机构如中华慈善总会、中国红十字会等都在新浪开设了官方微博。它们在微博上公布救助信息，公益工作日志等，大大提高了公益的透明度与可信度。2012 年 8 月 22 日，“@ 中国红十字会总会”在微博上公布了中国红十字会上半年灾害救助情况，接受公众监督：“【中国红十字会上半年灾害救助情况】据初步统计，今年以来，全国红十字系统共投入价值 9400 多万元的款、物用于国内重大自然灾害救助，其中物资 6620 余万元，资金 2780 余万元，派出各类救援队 350 支，超过 294 万人次的受灾群众受益……”2014 年 11 月 6 日，“@ 中国红十字基金会”发布了求助项目，并明确邀请公众监督：“求助项目【师生联名救助白血病儿童．韩子旭急需费用 10 万元】信息真实有效，@ 中国红十字基金会来支持！我们将秉承公开、公正的原则实施求助，并及时跟踪、公布善款去向。请大家监督！”2012 年 2 月 24 日，“@ 中国红十字基金会”发布了救助的详细名单：“专项救助贫困白血病儿童的小天使基金 2012 年获彩票公益金 3000 万元支持，预计可资助白血病患儿 980 名（放化疗 3 万元/人，造血干细胞移植 5 万元/人），今年首批已资助 436 名患儿，拨付资助款 1340 万元。第二批 341 名患儿资助工作现已开始，现将受助名单公示，供社会公众监督，具体名单如下……”2009 年 12 月 26 日，“@ 中国扶贫基金会”在微博上发布了信息化公益建设的基本情况：“中国扶贫基金会正在基于信息化建设公益 2.0，通过建立信息化平台，让捐赠人自主选择、自助服务：1. 系统自动发送捐款到账短信；2. 捐赠人可登录公益项目超市中选择其捐款用途；3. 捐赠人可登录受益人数据库中自主选择帮助对象；4. 捐赠人可以创建属于自己的个人爱心基金。”2011 年 7 月 1 日，“@ 中华社会救助基金会”发布了“@ 大爱清尘”的救助明细：“截至 6 月 30 日 24：00，@ 大爱清尘 · 寻救尘肺病农民工兄弟项目一共接收到捐赠款 151 笔，总捐款额计人民币 35255 元。其中在线捐赠 27205 元

① 肖飞：《社会组织参与社会治理的现实困境及路径选择》，《中共青岛市委党校青岛行政学院学报》2011 年第 2 期。

(135笔)，银行转账7950元（15笔），邮政汇款100元（1笔）。”2011年12月31日，“@中华社会救助基金会”发布了郭美美事件的调查结果和建议：“【新闻眼】中国红十字会总会认真听取了联合调查组的调查结果及建议，经慎重研究，决定撤销商业系统红十字会，并进一步加快红十字会的体制机制改革。相关情况通报如下。”这些信息的发布都有助于政府、媒体和民众对民间组织的监督，促进民间组织的发展和规范。

民间组织利用微博塑造友爱的社会文化。民间组织有助于塑造社会规范，维护社会团结，特别是在丰富人民群众的文化生活方面，社会组织的作用非常突出。例如社区居民的文化体育活动，许多都是由社区的居民社团发起组织的，它们对于提升社会的文明风气作出了重要的贡献[1]。民间组织要将微博作为传播互助友爱的文化平台，传播科学伦理观念，利用微博举办社会活动，增强民众团结协作，共同营造人人参与社会治理的新格局。2012年6月10日，“@中国红十字会总会”发布了“新闻眼”，介绍了在青岛举行的“世界献血日”宣传活动：“【新闻眼】今日，中国红十字会总会、山东省红会、青岛市红会在青岛五四广场举办2012年‘世界献血日’宣传活动。今年献血日主题为：每一位献血者都是英雄。总会王海京副会长参加活动并慰问了献血者。各行各业的献血者讲述了自己的献血故事，红会给予他们荣誉和鼓励的同时也呼吁向他们学习，向大爱致敬!”这些微博寓教于乐，通过一些民众喜闻乐见的活动，为公益事业营造了良好的社会氛围，使更多的人参与社会治理。

① 俞可平：《各级政府应营造官民共治的社会治理格局》，《中国社会组织》2011年第6期。

第七章

公民利用微博参与社会治理

社会是由有一定联系、相互依存的人们组成的有机整体。公民是社会的主体，是社会事务和社会问题的参与者和经历者，也是社会事务的治理者和被治理者。公民规范有序地参与社会治理是善治的基本特征，也是社会治理的基础。随着历史的进程，公民的参与意识不断觉醒，参与能力不断提升，各级政府部门也被动或者自觉地建立各种参与渠道，以便民众能够在一定界限内有序地参与社会治理，维持社会长治久安。随着现代政治文明的发展，公民参与渠道和方式也逐渐丰富。互联网诞生，为公民的参与提供了高效便捷的平台。微博的诞生，大大提高了公民获取信息和参与治理的效率，微博的草根性、互动性、开放性为保障公民的知情权、参与权、表达权、监督权创造了条件。而这“新四权”正是公民政治参与社会治理的基础。公民应该重视通过微博提高素质、发布信息、开展讨论、表达意愿、传递诉求和进行网络监督等，参与和践行社会治理。公民利用微博参与社会治理大有可为。

第一节　提升素质

公民在社会问题的发现和解决中扮演着基础治理角色。公民在社会问题的治理中，扮演着多重角色：他们既是事件的直接参与者和推动者[①]，是事件的治理主体，也是治理的对象和客体。在互联网上，网民在网络群体性事件中扮演着双重角色；网民既是受众，即信息的接收者，也是信息的生产者和传播者。这种双重性决定了网民在治理中的基础性地位。网民个人道德素养、文化水平、理性程度等素质直接决定着参与社会治理的水平与效果。公共治理强调广大民众的参与，但是中国的公民参与还处在起步阶段[②]，公民参与社会治理的氛围还没有完全形成。因此，培养公民参与意识、提高公民参与的质量和水平对于践行公共治理的理念、促进公民参与社会治理，具有重要的意义。

公民参与社会治理的基础就是公民具有较强的参与意识和参与能力，这又是以公民的综合素质为基础的。只有健全的参与意识和参与能力才能保障公民有序有效地参与社会治理，达到社会治理的目标。只有这样，才能保障公民参与社会治理不是添乱，而是雪中送炭、锦上添花。“任何旨在预防和解决公共争议的措施的执行，其基础必然是拥有一个充分知情的公众群。”[③] 在有效地参与决策之前，相关背景的教育必不可少[④]。这就要求民众利用各种渠道，借助于各种手段提高综合素质，尤其是参与的意识和能力。在这一点上，微博正好有用武之地。

公民要利用微博提升素质。在最能体现“媒介是人体的延伸”的微博里汇聚着海量的信息和知识，整合着海量的智力资源，让民众同时围观、参与、判断和选择[⑤]。微博上的知识多元，既有历史文化等公共常识，也有特定领域里的专业知识，如法律、政治、心理。公民可以利用微博获知信息和知识，提升素质，为参与社会治理奠定基础。公民可以收听一些专业微博，提升专业素养，做一个理智的现代公民。正如博主@叶恭默所

---

① 唐逢九：《公共治理视角下网络群体性事件的应对》，《电子政务》2011 年第 11 期。

② 俞史丝：《善治视野下的我国公民参与》，《长沙铁道学院学报》（社会科学版）2008 年第 4 期。

③ 陈德觃：《公民参与：人本行政的一种视角》，《中共银川市委党校学报》2007 年第 2 期。

④ ［美］约翰·克莱顿·托马斯：《公共决策中的公民参与》，孙柏瑛等译，中国人民大学出版社 2010 年版，第 90 页。

⑤ 中共上海市委统战部宣传处：《微博影响力与统战引导力——关于利用微博开展统战工作的调研与对策》，《上海市社会主义学院学报》2012 年第 4 期。

说："以前写惯长文的人会怀疑微博碎片化，不利于建立整体价值观。其实，微博是最精华的知识索引，也逼迫交流者不断提高自己概括、提炼观点的能力，即提高抽象思维能力。同时，辩论和交流的快速化，刺激和碰撞出更多的层次和视角。当然，你得是一个愿意更新自己、爱好思考的人。"公民要积极通过微博的信息和知识平台，提升素质，拓展视野，增长见识，提高分析和解读能力，锻炼建言献策的能力，要对社会问题提出独到而又深刻的见解，为社会治理提出可靠和科学、可操作的建议和方案。

公民要利用微博培育公共精神。当前，政府与公民难以形成良好合作关系的最大障碍在于公民的公共精神缺失[①]。公民的有序参与有赖于公共精神的形成及其健康发展。公民与政府之间良好合作关系的形成需要一种公共精神。在当前的中国，公民的参与意识仍然有待加强，由于儒家传统文化的长期影响，人民服从于权威，缺乏民主传统，公民参与的意识薄弱[②]。要利用微博培养公民参与意识，打破传统概念制约，培育积极参与精神。公民要将微博当作意见交换的自由市场和公共领域，积极使用微博，发表评论，积极转发，与粉丝和博主进行积极互动，提升公共精神和责任感。在公共事件发生时，将公共事件与自身联系起来，积极利用微博关注和了解事态进展，提供信息或转发微博，让更多的人知晓。不能有事不关己高高挂起的心态，要有以天下为己任的责任心和博爱精神，积极参与微博讨论，贡献自己的观点和意见，建言献策，促进问题的分析和解决。正如美国波士顿犹太人屠杀纪念碑上所铭刻的马丁·尼莫拉的话："在德国，起初他们追杀共产主义者，我没有说话，因为我不是共产主义者；接着他们追杀犹太人，我没有说话，因为我不是犹太人；后来他们追杀工会成员，我没有说话，因为我不是工会成员……最后他们奔我而来，却再也没有人站起来为我说话了。"公民也应该具有这种参与的公共精神。使用微博的过程，就是让公民从信息的被动接收者变成主动的传播者。在

① 何霜梅：《善治视野下的公民参与》，《中央社会主义学院学报》2009 年第 2 期。

② 俞史丝：《善治视野下的我国公民参与》，《长沙铁道学院学报》（社会科学版）2008 年第 4 期。

社会问题的发现、分析和治理中，公民要借助于微博获取信息，发布评论，积极转发，献计献策，在此基础上提升公民参与意识。公民应该利用微博培育言论自由意识，利用微博表达自己的观点，提升责任理念、平等精神、法治意识。公民要利用微博自主自由的特性，积极发布和转发评论，强化公民主体意识。要养成利用微博参与社会治理的习惯，在长期的微博实践中，逐渐以理性积极的态度对待社会问题，掌握利用微博获取信息和发布信息的技巧。要积极关注一些消息灵通和专业权威的意见领袖，比如专业的法学专家、文化学者，随时刷新，了解最新发生的动态，提升综合素质，为参与社会治理奠定素质和修养的基础。

第二节　获取信息

在提升素质的基础上，公民要全面获取信息，才能更加明智有效地参与社会治理。公民参与社会治理的重要前提之一就是全面地获取信息，满足自身的知情权，或者说知政权，做一个灵通（informed）的公民。每个公民都有权获得与自己的利益相关的政府政策信息，包括立法活动、政策制定、法律条款、政策实施、行政预算和公共开支以及其他有关的政治信息[①]。一直以来，政府都重视开发信息渠道，以便让公民获知信息，进而科学地参与社会治理；但是传统社会公民获知政务信息的渠道主要是借助于政府公报，获取信息的渠道单一，而且受到政府严格控制，难以听到不一样的声音。互联网诞生后，网络成为人们获知信息的重要渠道。尤其是微博出现以来，海量、多元、交叉传播的信息成为公民获取信息的资源宝库。比如一些灾难性事件发生后，媒体微博会发布一些重要消息，公民可以关注重要的媒体和重要的舆论领袖，随时了解最新动态，以便参与社会治理的过程。在一些食品安全问题上，尤其是有大量粉丝的舆论领袖应该及时转发重要的知识和信息，比如著名媒体人陈朝华转发了人民日报

① 严存生：《治社会的“法”与“治”》，《比较法研究》2005 年第 6 期。

的微博："@人民日报：【千万别吃！美国致病冰淇淋进入中国市场】美国两个州至少8人因为吃过美国蓝铃公司产品后，感染李斯特杆菌而患病就医，目前已导致3人死亡。蓝铃冰淇淋去年进入中国市场，在上海、四川、黑龙江等地已确定经销商。目前，黑龙江食药监局已开展调查。转发提醒爱吃冰淇淋的TA！"利用个人微博的影响力，向公民传播有关信息和知识，让公民受益。

公民利用微博做一个灵通的微博用户，充分利用微博了解事件进展和最新动态，认识事情的来龙去脉和全面情况，全面关注事件中的人和事，了解事件真相，思考背后的原因，形成对事件或问题的准确认识。在参与社会治理的过程中，随时了解政务的决策过程和实施过程，及时关注社会问题治理的进展和细节，以便能够及时介入和参与。公民要利用微博获取正反两方面的信息。不要害怕和回避一些负面消息，兼听则明，偏信则暗。实际上，负面消息更加重要，社会治理的对象是社会问题，社会问题正是通过一些负面信息体现出来的。我们要学会接受负面的消息。预防接种理论认为，如果人先接触一个简短的反面观点，并了解到对反面观点的反击，那么就会对以后更成系统更强有力的同类反面观点产生较强的抵抗力，这种情况与有机体注射弱性病毒，使机体对此类病毒的大量侵袭产生免疫力的现象相似，因为一次程度不强的反面观点激起守卫自己信念的动机。由于第一次反面观点被驳回，此后类似的反面观点的可信性就会因之降低。人们了解到反面观点与其受到的驳斥，或自己予以驳斥，这是一种"观察学习"、一种练习和强化。以后同类反面观点再次出现，人们就已经学会或较熟练地进行反击。"免疫"而不是"战胜"才是"意见的自由市场"的价值所在。在微博上，我们要直面谣言。"意见的自由市场"理论认为，真理和谬误应该享有同等的传播机会，在传播过程中，真理和谬误交锋并取得胜利，让真理在讨论中诞生。这是社会上存在着的天然的谣言纠错机制，我们要探求真相和破除谣言。只有接受双方的意见和观点，才能形成对事件的准确认知，才可以让我们变成更加理性的人，才能保持参与社会治理的克制。所以在微博实践中，既要关注一些热点人物、热点事件的微博，也要关注一些冷门的信息；既要关注传播正能量的微博，也要关注一些专门揭丑、打假、批评的微博；既要关注政府和官方的微博，也要关注一些草根的微博。了解全面的信息，为参与社会治理奠定信息基础。

第三节　表达民意

表达民意是公民与生俱来的权利。一方面，言论自由是公民不可剥夺的权利，让公民自由顺畅地表达民意是社会发展和政治文明的标志，自由表达民意也是人类社会发展的趋势，表达民意是政治参与的象征。另一方面，民意的支持是社会长治久安的基础，社会的发展和长治久安依赖大众的智慧，缺乏民意支持的统治注重违背人民的意愿，是落后、专制的体现，不符合人和社会发展的需求。

在传统社会，民意表达渠道单一，主要依赖官方的走访和民众的上书，但这些民意很难到达决策层，导致民众积怨，社会不稳定因素积压，随时可能爆发。在现代中国社会，民意表达渠道日益多样，但由于人民代表制度的缺陷，民意并不能全面传达给官方，有一些极端的社会问题，传统的民意表达方式失效，民众往往选择上访，甚至以堵路、堵门、拦车等方式来表达，严重影响社会稳定，没有达到民意表达的效果。

互联网为民意表达提供了方便快捷的渠道。微博自由交叉传播的特性为公民的民意表达提供了便捷高效的平台。微博的匿名也让公民更加乐意选择微博进行民意表达。公民要充分认识微博在表达民意上的重要价值，有效利用微博来表达民意。社会治理依赖多元利益的充分表达。微博廉价、易得、快捷、互动、即时等优势，为公民与政府搭建了双向沟通的桥梁，让公民获得了平等的话语权，成为公民表达民意、参与政治的高效渠道。公众应该利用微博与政府频繁互动，表达诉求，献计献策，促进政府决策的正确制定和实施，为社会治理贡献力量。在“微博两会”中，公民可以利用微博发布自己的“提案”，吸引媒体关注，供代表参考。公民要有意识地在微博上表达自己的意见和建议。可能你说的一句话就无意间促进了社会问题的发现和解决。人人参与微博，发表意见，就可以汇聚成巨大的民间智慧，供有关部门参考。只有表达出来，才能让有关部门意识到群众的心理和态度，让有关部门了解公民的需求和诉求。如果没有民意表达，政府的决策和公民的问题就会出现割裂。在政府及时政务公开的前提下，公民要积极通过独创微博、转发评论、@、私信等功能表达每个人的意见和建议。一些著名的法学专家，如北京大学法学院教授贺卫方、中国政法大学法学院教授何兵、北京理工大学法学院教授徐昕经常在微博上对社会公共事件，尤其是与法律相关的事件与问题发表意见，与网友讨论，具有较大的影响力，很多法律案件引起社会关注，并及时得到公正处理。比如2015年3月31日，何兵发布了微博，从法制的角度对刚刚发生的"区伯嫖娼事件"发表评论："【区伯条款】区伯嫖娼及类似案件，一再提醒，法律对人身自由应采取严格保护，应修改法律条文：对公民采取人身拘留行政处罚措施的，被处罚人提起行政复议、诉讼或交付法定保释金的，行政处罚暂缓执行，法律另有规定的除外。同意请转。"2015年4月22日，"@何兵"发布微博强调了陪审制度的重要意义："【陪审制度的意义】最近周强向人大常委会陪审制度改革试点说明。内容有：一、按法官名额三至五倍配陪审员。我估算全国约需100万。二、从普通公民中随机挑选，人大任命。三、影响较大的一审案件，原则上陪审。虽未见全文，但从框架看这是史上最强改革。特发十年前旧文，为周强点赞。愿浦案拖到那一天。"并配发了长微博。2015年4月28日，"@何兵"在微博上发布了"司法建设的六个重大问题"，指出了当前的司法建设存在的问题，提供了相应的建议："【司法建设的六个重大问题】这是六年前发表的文章。其核心观点，已为中共三中、四中决定，最高法院新近出台的改革措施所印证。但文中提出的中级以上法院国家化，与新近出台的最高法巡回法庭设跨区法院不一。我认为，他们错了，不是我错了，肯定要走回头路。让时间验证。"2015年5月6日，"@徐昕"在微博上"呼吁公开监控录像"："【呼吁公开监控录像】哈尔滨庆安的枪声……或许你已经麻木，但若无真相，下一个中枪的不知是谁。报道称，'家属说吕生前愿望都已得到实现'，这是丧事转喜事的节奏？新华社公布视频文字，为何不直接

公开录像，这既能接近真相，也能澄清误解。哈尔滨庆安火车站的枪声|呼吁公开监控录像警察何时可以开枪，须规定明确的界线。”薛蛮子于2011年2月2日在微博上发布了“关于彻底消灭全国大规模拐卖儿童强制乞讨犯罪集团的倡议书”，提倡严厉打击拐卖儿童犯罪。2011年11月19日，薛蛮子转发“@甘肃刘维忠”（微博认证为：甘肃卫生厅厅长刘维忠）的微博“庆阳市委、市政府决定停止2012年公车更新计划，将预算资金全部用于购置标准化校车”，并在评论中提出建议：“这个决定应该推广到全国！我们应该迅速有效地落实孩子们的人身安全，停止公车更新，购置标准化校车！庆阳市委知错就改，老汉支持一个！大家疯狂扩散！”

在宜黄拆迁案件中，新闻事件主角钟如九利用微博，把事实真相以最快的速度上传到网上，让普通公民了解事实真相，认识事件的来龙去脉①，加速了事件解决。还有记者邓飞微博直播“女厕攻防战”、当事人潘石屹等网友致力于微博“网聚”传播等。结果，宜黄县委书记、县长被立案调查，率队拆迁的常务副县长被免职。

表达民意也是一种社会参与。社会的良治和善治离不开公民的社会参与。公民只有参与并影响社会问题的治理，才能真正反映和维护自身权益，也能够促进政府决策和实施的科学化民主化，提升社会治理的效果。社会参与历来有之。但是在传统社会，公民参与的保障性制度供给不足，公民参与的渠道比较单一。微博的诞生和发展为公民政治参与提供了平台。微博为公民参与社会治理提供了渠道。微博扩大了公民参与的深度和广度，能够切实让公民参与公共政策的制定、规划、执行与监督工作，真正实现公民参与的权利和权益②。微博即时、便捷的特性提高了公民政治参与的效率。公民利用微博，参与决策制定，及时关注政府动态，在微博上可以通过倡议、表决、点赞、评论、转发、私信等方式表达自己的意见，并@有关部门，吸引有关部门注意，影响政治决策。2010年1月12日，天涯社区商务运营总监梁树新发起的一个“急寻救命药”的微博接力赛，得到了广东省卫生厅廖新波副厅长的帮助。在“李盟盟事件”中，梁

---

① 梁长荣：《解析微博中的“公民记者”》，《新闻爱好者》2011年第12期。

② 何霜梅：《善治视野下的公民参与》，《中央社会主义学院学报》2009年第2期。

树新发布了一条微博：梁树新：#我要上大学#。说明事件经过，李盟盟最终被高校录取，让中国公民见证了一次微博的强大力量。热门微博博主“@留几手”与“朋友圈假面膜事件”引发了广泛关注，并取得了良好的社会治理效果。2015年4月5日，“@留几手”在微博上发布长微博《谁买了朋友圈的面膜》，转发量近10万，并且引起了微博上网友对朋友圈面膜广告的热烈讨论，话题“朋友圈卖面膜”达到了2.6万的阅读人次。2015年4月15日，央视曝光了微商卖假面膜的黑色产业链，假面膜问题得到一定程度的遏制，微博再一次体现出强大的社会治理功能。

第四节 微博监督

监督是权力行使的重要保障。社会治理离不开权力的分化和制衡。监督权力是公民权利的重要组成部分。一直以来，统治者都重视公民对政治事务和社会事务的监督和批评。网络传播时代到来，网络监督权是人民监督权的新内容，也是现实民主政治的新元素。微博监督是网络监督的延伸，即公民利用微博对公权力和社会事务进行批评、建议、申诉、控告或检举①。在微博时代，政府的决策、实践和治理过程都应该处于公民监督之下。微博由于匿名等特征，能够激发网民社会正义感，发挥“草根”围观的舆论监督作用，已经成为制衡和监督权力的重要力量。

公民可以利用微博监督社会治理的整个过程，推动社会治理的公开化、法治化和科学化，全程监督权力的运行机制，保障社会治理目标的实现，加快社会问题的调查、处理和解决。公民应该利用微博及时了解政府机构的运作过程，并全程监督政府的治理过程。及时发表意见，对政府或者相关治理主体的行为进行肯定和批评，主要是发现问题。通过微博发布，积极转发评论，指出政府和其他治理主体在治理决策制定和实施中存在的问题，防止治理的失序和有关机构的越轨，通过微博监督，催促有关

① 陈文胜：《“微博问政”与党的执政方式创新》，《兰州学刊》2011年第12期。

部门加快社会问题的解决，保障治理决策制定和实施过程的科学规范。舆论领袖开展微博监督已经取得了一定的社会治理效果。2015 年 4 月 28 日，著名法学家贺卫方发布了微博："【现在知道何以硬拖十年了】辨认笔录、指认现场笔录等整体案件均涉嫌造假，且没有比照辨认；血型鉴定不知谁提取的，也不知在哪儿提取的，检材来源不明；强奸定案没证据，没人证、没提取检材、没发现精斑，只有被告人口供。更奇葩的是，聂树斌执行死刑时间也造假！河北高院，该当何罪?!"从专业角度对聂树斌冤案中存在的问题进行了批评。微博认证为"九江市公安局民警段兴焱"的"@段郎说事"经常在微博上发布对时事的评论，进行批评和监督，作为体制内官员，对一些时事的认识和评价较为客观和理性，取得了良好的社会治理效果。2015 年 4 月 28 日，"@段郎说事"发布了话题"时事点评"，对贪污受贿进行了批评："#时事点评#：收了钱我就成了他们的'奴才'。江苏省淮安市环保局原局长张汝华：收了别人的钱物，我就将他看成是自己人，我哪里还是局长，简直就是送钱人的'奴才'！——段郎点评：这种论调不堪一击，因为即便成了送钱人的'奴才'，还有更多的机会等待他在别人面前当'老爷'！"同一天他又发布了微博话题"新闻摘编"，质疑交通部、红十字会等 10 个部门三公经费不降反升，引发网友关注："@段郎说事#新闻摘编#：交通部、红十字会等 10 个部门三公经费不降反升。据不完全统计，截至目前已有交通运输部、人社部、中国红十字总会、中国残联、财政部、国家体育总局、中国工程院、中国贸促会、中国社科院、最高法院等 10 个部门 2015 年财政拨款预算在'三公经费'上有所增加。"

律师群体是公民开展微博监督的典型代表，作为依法取得律师执业证书，为当事人提供法律服务的执业人员。法律服务工作者是解决法律问题的重要力量，也是社会治理的重要参与者。微博上有大量活跃的律师，对一些热点法律事件和法律问题进行监督和批评。2015 年 4 月 28 日，富敏荣律师发布："@冉彤律师：律师状告工商局：5 月 6 日开庭！律师事务所为何不能工商登记？律师事务所是搞法律的单位，律师事务所可以建立现代企业制度，享受国家扶持企业最低 10% 税率。为何自身不受法律平等保护？律师事务所为企业提供法律服务，为何自己的法律地位低于企业？同仁们思考为什么了吗?” 2015 年 4 月 29 日，张智勇律师发布了微博：“【死刑案笔录可由书记员代签哪门法律规定的】河北高院解释聂树斌案：当时曾出现几起被告人在签字时用笔刺伤书记员、撕毁提讯笔录或自伤、自残事件，考虑到死刑犯的危险性，才出现了由书记员代签的情况。上述代签文书都有聂的手印确认，可证实聂收到了相关文书。” 2015 年 4 月 29 日，“@丽水应红星冤案” 在微博上多次发布了 “辩护律师致浙江省委书记夏宝龙并浙江省委常委的公开信”，呼吁网友关注浙江省丽水市水利局应红星 “受贿案”，沉冤盼昭雪！并@伍雷为权利而斗争@徐昕@迟夙生律师@最高人民法院@最高人民检察院@央视新闻，提醒有关部门注意。这些律师的微博指出了热点法律事件中存在的法律问题，并给出了相应的建议，直接或者间接地促进了法律问题的解决，以草根的力量推进了中国的法治进程。2011 年 6 月 21 日，“郭美美 Baby” 在新浪微博上炫耀 “住大别墅，开玛莎拉蒂”，而其认证身份居然是 “中国红十字会商业总经理”，引发了微博网友的质疑。随着微博信息发布和人肉搜索的深入，红十字会与某些商业机构的关系，以及自身的一些 “污点” 被一层层揭开[①]，红十字会的公信力受到广泛质疑，间接促进了红十字会的规范发展，成为民间组织发展历史上的重要事件，是公民进行微博监督、解决社会问题、取得社会治理效果的典范。

① 石勇：《微博：一种新的 “社会权力” 在生长》，《南风窗》2011 年 7 月 15 日。

第八章

微博参与社会治理的基本特征

公共治理下的微博参与社会治理是在互联网和信息通信技术的支持下，协助政府、非政府组织、企业、公民等多元社会治理主体密切协作、相互协调，共同发现、应对、分析和治理社会问题的过程，在治理主体、治理权威、治理手段、治理方式、治理结构上具有不同于传统治理的鲜明特征，体现了治理理念和实践在互联网时代的与时俱进，体现了治理理念的强大生命力。

第一节　治理主体多元化

治理主体是社会治理决策的制定者，也是治理行为的实施者，对社会的治理过程和最终效果起决定性作用。对社会治理主体的构成和特征进行准确分析，是科学开展社会治理的基础①。社会治理主体是具有自由的治理意识和意志并具有一定治理行为能力的自然人及其组成的集合。根据组成形式的不同，治理主体的范围由小到大可分为：个体自然人、国内非政府组织、企业、政府、国家、非政府间国际组织、政府间国际组织。在现

① 彭贤鸿：《社会治理的要素分析》，《中共南昌市委党校学报》2008 年第 2 期。

代治理理论中，治理主体数量越多，其达成共识后实施的治理行为就越理性；治理主体数量越少，治理行为就越容易感情用事，治理过程就越容易出现偏差。历史证明，人类社会治理主体的发展经历了从一人专制向全民代表的多人议会制过渡，由帝王家族世袭制向公开竞选的任期制过渡的历史。治理主体数量越来越多，治理主体的构成越来越多元，治理主体的素质越来越高[①]，治理主体的发展方向和趋势越来越科学。

正如本书第二章所述，公共治理主体呈现多元化趋势。公共治理视域下的微博参与社会治理的首要特征就在于治理主体的多元化。微博参与社会治理打破了传统治理中政府是社会治理的唯一主体的僵局，出现了社会多元治理主体共存的局面[②]。在公共治理视域下的微博参与社会治理的过程中，治理主体是多元化的。除政府之外，包括非政府组织、企业、公民个人在内的所有社会组织和行为者都可以利用微博参与社会事务的治理[③]。社会上任何一个组织、公民都享有与专职从事行政活动的政府一样进行社会治理的平等权利和均等机会[④]。参与主体数量众多，参与主体来自各个阶层，政府在公共治理理念的指导下广泛吸收社会群体和公民参与社会治理。微博诞生后，微博的自由、互动、即时、开放等特性，为政府之外的其他治理主体提供了参与社会治理的平台，使政府之外的企事业单位、民间组织、公民真正成为治理主体。以微博为纽带，所有利益相关者，如政党、政府、企业、事业单位、民间组织、社会公民等治理主体通过微博建立合作关系，进行广泛、深入的协商和沟通，实现单一中心治理向多元参与治理的路径转换。在微博参与社会治理中，不同的治理主体在微博上发挥其独特的价值，分工合作，以实现治理效率的最大化和最优化。在微博公益中，社会精英在微博上发起，媒体迅速跟进报道和转发，政府提供相关的政策支持，企业提供资金赞助，民间组织志愿执行，公民转发并捐款

---

① 彭贤鸿：《社会治理的要素分析》，《中共南昌市委党校学报》2008 年第 2 期。

② 唐秋伟：《论我国社会双重历史转型中的治理模式变革》，《河南社会科学》2011 年第 19 期。

③ 肖文涛：《协同治理：服务型政府的治道逻辑》，《“建设服务型政府的理论与实践”研讨会暨中国行政管理学会 2008 年年会论文集》，2008 年。

④ 郑巧、肖文涛：《协同治理：服务型政府的治道逻辑》，《中国行政管理》2008 年第 7 期。

捐物，有效地解决了社会问题，使社会治理更加科学有效。

第二节　治理权威和手段多样化

治理需要权威。在传统社会，社会管理的权威来自帝王和政府，政府垄断了治理权力，除统治阶层外，其他人无法分享治理权力。在传统社会，治理权力集中于金字塔形状的官僚体系中，权力自下而上逐渐集中，上层发号施令，下级依令而行，治理的运作方式则是从权威主体由上到下的单向式统治。传统的治理方式主要依赖官方的权威，依靠法律法规、行政命令等方式处理社会问题，治理手段单一。在公共治理视域下，“单中心”的统治权威模式被抛弃，被多主体参与的公共治理所替代。在公共治理中，治理权威并不一定是政府，其他主体都可以在社会事务治理中发挥和体现其权威性①。公共治理下的微博参与社会治理在肯定和保障政府权威的同时，强调非营利组织、企业、家庭、个体公民都可以在社会治理中发挥和体现权威性②。在微博参与社会治理中，权威可以是政府的法律规章制度，可以是民间组织的权威证据，也可以是社会公认的道德、传统习惯，还可以是公民的基本共识。微博参与社会治理的方式更加多样。微博提供了理想的协商环境，将利害相关的治理主体凝聚起来，让政府、民间组织、公民、企事业单位积极协同，共同协商解决公共问题。问题发生前，微博可以提供及时预警，发生后及时信息沟通，发布权威消息，破除谣言，共同合作解决社会问题。在社会问题的发现、分析和处理过程中，微博充分展现出了传播信息、搭建平台、建构舆论、动员行动的功能③，治理主体利用微博呈现了多样化的治理手段。例如在微博打拐中，网友积极转发，央视等传统媒体跟进报道，政府积极介入，网友的行动与公安部

① 肖文涛：《协同治理：服务型政府的治道逻辑》，《“建设服务型政府的理论与实践”研讨会暨中国行政管理学会2008年年会论文集》，2008年。

② 何炜：《协同治理视野下的地方政府与非营利组织之间的良性合作关系》，《山东行政学院山东省经济管理干部学院学报》2010年第6期。

③ 吴明高：《借力移动微博　创新社会管理》，《光明日报》2011年12月16日。

门、媒体、人大代表及政协委员等社会力量结合在一起[①]，引起了社会各界人士的广泛关注，迅速形成舆论焦点，使“微博打拐”成为一场“全民战争”，有效地治理了拐卖儿童问题。微博参与社会治理依赖多重权威之间的彼此信任与互惠。各治理主体尊重彼此的权威，形成一种良好的合作、良性的互动，进而取得较好的治理效果。

第三节　治理结构网络化

在中国的传统农业社会中，等级化的社会制度和官民关系决定了社会单一的线性治理结构形式。在传统的一元治理体系下，治理结构像一个金字塔，政府处于金字塔的顶端，治理实践是从上到下单向的发号施令。随着人类社会的工业化和信息化进程，社会结构越来越复杂多样，社会单一的线性结构被多线多维结构所取代。进入后工业时代，社会形成了一种网络化的结构，体现出去中心化的特征，打破了线性结构模式。进入网络社会之后，社会进入网络式结构形态。相应地，网络社会中的社会治理结构也是网络状。“就人的主体性而言，以往的社会结构只能比喻成‘蚕茧’，而合作治理赖以生成的网络结构则可比喻成‘蛛网’。”[②] 在公共治理视域下的微博参与社会治理是以微博平台为纽带的多中心治理结构，其结构也是网络型的。微博使人与人、人与组织、组织与组织的交流与沟通更加便捷，微博的平等、交互的信息交流打破了传统官僚体制的封闭性，真正把所有人和组织融合进网络世界[③]，使治理结构更加扁平化和分散化，影响更加广泛，治理更加有效。在微博打拐中，微博上每一条有价值的信息，不管是政府发出的法令，还是社会精英的倡议，或是公众的一张“随时拍”，都引起了广泛关注，成为微博焦点，推进了治理实践。

---

① 吴明高：《借力移动微博　创新社会管理》，《光明日报》2011 年 12 月 16 日。

② 唐秋伟：《论我国社会双重历史转型中的治理模式变革》，《河南社会科学》2011 年第 19 期。

③ 王志刚：《多中心治理理论的起源、发展与演变》，《常熟理工学院学报》2010 年第 24 期。

在网络化的微博参与社会治理结构中，多元治理主体之间的关系也发生了深刻变化，平等、弹性、柔化的网络组织结构取代了层级节制、主次分明的官僚制结构[①]。在微博参与社会治理的过程中，政府、非政府组织、企业、公民个人等主体为应对社会问题，组成富有弹性的协同治理网络，多元治理主体充分利用各自的资源、知识、技术等优势，在微博平台上协同合作，共同促进社会问题的治理，发挥了整体大于部分之和的治理功效。在微博参与社会治理中，各种公民社会组织及公民个体在治理过程中都拥有权力和责任，形成一种制度化、常规化的网络状治理结构。

第四节　治理方式合作化

在传统的社会管理模式下，政府一支独大，既要掌舵又要划桨，政府是唯一的治理主体，除了政府外，谁都不具有治理权威，谁都无法分享治理权力，当然也就谈不上治理主体之间的合作了。在传统治理中，政府治理的权力运行方向总是自上而下的，它运用政府的政治权威，通过发号施令，制定政策和实施政策，对社会事务实行单一向度的管理[②]。治理主体和治理对象之间是控制和被控制、命令和服从的关系，而不是合作的关系。

随着治理理论和实践的发展，良好的社会治理越来越依赖政府、民间组织、社会公民等多元治理主体之间积极而有效的合作[③]。公共治理是以善治的目标取向，追求公共利益最大化的社会协作治理过程[④]。在公共治理中，多元主体是一种差异并存的状态，多元化的治理主体之间发挥各自的特长，通过功能性的合作和互补，团结协作，共同解决社会问题，把整

① 夏志强：《公共危机治理多元主体的功能耦合机制探析》，《中国行政管理》2009 年第 5 期。

② 高新民：《中国共产党活动方式研究》，博士学位论文，中共中央党校，2002 年。

③ 唐秋伟：《论我国社会双重历史转型中的治理模式变革》，《河南社会科学》2011 年第 9 期。

④ 丁宇：《论善治的基本诉求》，《江汉论坛》2009 年第 9 期。

个社会治理成一个和谐的社会。在公共治理下，多元治理主体之间必然会存在一些矛盾冲突，这就要求治理主体在制定治理政策、治理方案和治理实践中进行全方位的合作，消弭冲突，通过合作、协商、伙伴关系，确立认同和共同的目标等方式，使相互冲突的或不相同的利益得以调和并且采取联合行动[①]。

公共治理视域下的微博参与社会治理是政府与非政府组织、政府和公民、公共机构与私人机构的自愿合作[②]，是多元治理主体之间网状互动合作的治理过程。公共治理视域下的微博参与社会治理，改变了政府与其他子系统在传统社会管理模式中的管理与被管理、控制与被控制的关系，强调政府、非政府组织、企业、公民个人等子系统的相互合作关系[③]。在微博参与社会治理中，各主体相互依赖合作，通过各种形式的信息交流和沟通达成共识，共同应对环境的变化，共同发现、分析、参与、管理、应对和解决社会问题。在治理运作的过程中，多元治理主体借助于微博进行信息共享、流通，通过合作、协调及其对共同目标的确定等手段来达到对社会事物的治理。在微博参与社会治理的过程中，政府、民间组织、企业、公民个人等多元治理主体充分利用各自的资源、知识、技术等优势[④]，借助于微博平台进行互动合作，进行信息沟通、资源分配、行动协调，实现信息的公开发布、获取和共享交流治理对策，提高治理主体之间的相互理解，互相监督，实现各个治理主体之间的相互依存与主动协同，共同应对和处理社会问题。治理主体通过信息的获取、分析、评价以及信息的共享和沟通，形成一个彼此依赖、共享权力、动态的自组织网络系统，构建起公民个体、社会组织、政府部门与国家一体化，点、线、面相结合的动态性、柔性化的互动合作的治理体系[⑤]。在微博参与社会治理中，多元治理

---

① 郑巧、肖文涛：《协同治理：服务型政府的治道逻辑》，《中国行政管理》2008 年第 7 期。

② 何水：《协同治理及其在中国的实现——基于社会资本理论的分析》，《西南大学学报》（社会科学版）2008 年第 3 期。

③ 郑巧、肖文涛：《协同治理：服务型政府的治道逻辑》，《中国行政管理》2008 年第 7 期。

④ 何水：《协同治理及其在中国的实现——基于社会资本理论的分析》，《西南大学学报》（社会科学版）2008 年第 3 期。

⑤ 康伟：《我国公共危机协同治理的路径选择》，《学习与探索》2009 年第 4 期。

主体通过互动合作过程，寻求均衡利益并针对社会共同问题形成一致的行动指向[①]，并利用微博通力合作，形成一种和谐有序的、自治的制度化治理机制。

公共治理视域下的微博参与社会治理是政府与公民社会的正和博弈。政府、公民、民间组织等各协同治理主体通过微博互动合作，达成相互制约、相互促进、合作协调的正和博弈关系。这完全不同于“一山不容二虎”的零和博弈状态，而是政府主导、多元主体协同治理的正和博弈范式[②]。在政府组织、利益集团、民间组织乃至公民个人共同参与治理的过程中，形成多元治理主体之间合作互利、共生共强的格局。

微博参与社会治理强调各主体之间的合作与协作是自愿的。政府不再是依靠强制力，命令其他治理主体和治理对象参与，而是通过赋权和建立一种合作机制。其他治理主体也是自觉自愿在自由意志的引导下积极主动地发挥自身的特长和优势，参与社会治理。

第五节　治理主体关系平等化

治理强调治理主体之间的合作，而且这种合作是民主型的合作，要求治理主体之间的关系是平等的，彼此无法取代。在传统的统治型治理模式下，政府的治理主要依赖官僚制组织的层级结构。权力自上而下的运行方式必然会造成并进一步强化社会治理结构的权力等级关系。在这个权力的阶梯上，位居较高层级上的社会管理者总会拥有唯我是从的官架子，位居较低层级上的社会管理者从个人的政治前途出发也必然会事事服从上级[③]。因此，在这种金字塔形的社会管理模式下，社会管理者之间并不存在真实

① 逯扬、徐浩豪：《社会主义和谐社会的治理结构》，《湖北社会科学》2006 年第 1 期。

② 杨镪龙、许利平、帅学明：《公共治理多元主体间的正和博弈关系探究》，《理论学习与探索》2009 年第 5 期。

③ 逯扬、徐浩豪：《社会主义和谐社会的治理结构》，《湖北社会科学》2006 年第 1 期。

的平等关系，实质性的合作并不存在。少数的合作也是装点门面，还是控制和被控制的关系。而现代公共治理强调合作精神的重要性，这种合作是平等的。在公共治理中，多元治理主体在共同协商的平等关系中开展真诚合作，共同从事社会治理活动。即使在社会治理主体之间还存在着知识和技能的差别，也并不会造成社会治理主体之间在人格上的不平等，他们都是平等的治理主体，享有同样的权利，承担起对等的义务①。政府和社会组织、公民之间不再是一种“权威—依附”的关系，而是“民主—平等”的横向性合作关系，是一种建构在政治平等基础之上的协商式合作。

公共治理视域下的微博参与社会治理要求各个治理主体通过微博广泛合作，而合作的前提正是人与人之间的平等，特别是在社会治理活动中。在微博参与社会治理的过程中，治理主体享有平等的参与权利，公民具有参与民主决策和国家及社会事务管理的权利和自由，都有不可剥夺的言论自由权利，每条信息都有传播的权利。这种平等主要体现在两个方面：一方面，治理主体之间的法律地位平等，政府、企业、民间组织和公民能够在微博平台上交流，不存在政府随意运用特权发布命令、强制对方服从的情况②；另一方面，机会平等，政党、政府、企业、民间组织、公民有着平等的参与机会，各利益群体和个人能够自由表达意愿，共同管理社会公共事务。微博参与社会治理在民主平等的氛围中进行③。微博上每个治理主体都有发布信息和言论、参与社会治理的权力，谁都不能比谁高贵；只要发出的信息有价值，任何人和群体的声音都值得关注，都同样重要。政府通过维护和建构微博平台，健全参与制度，丰富参与形式，保证公民平等地参与社会治理④，公民则通过微博进行有序的政治参与来监督和制约政府，最终保障公民言论表达和政治参与的权利和自由，推进社会治理的进程。

---

① 逯扬、徐浩豪：《社会主义和谐社会的治理结构》，《湖北社会科学》2006 年第 1 期。

② 肖文涛：《社会治理创新：面临挑战与政策选择》，《中国行政管理》2007 年第 10 期。

③ 卢珂：《地方治理创新与塑造服务型政府》，《武汉科技大学学报》（社会科学版）2010 年第 4 期。

④ 丁宇：《走向善治的中国政府管理创新研究》，博士学位论文，武汉大学，2011 年。

第六节　治理过程透明化

透明性是善治的基本特征。“透明性指的是政务信息的公开性。每一个公民都有权获得与自己的利益相关的政府政策的信息，包括立法活动、政策制定、法律条款、政策实施、行政预算、公共开支以及其他有关的政治信息”[①]。没有透明性，治理主体就无法获知相关信息，就无法理性地参与社会治理，也无法对治理过程进行监督。政府治理过程的公开和透明也属于政治透明的范畴，而“政治透明是政治民主的必然要求，是政治民主化的重要标志”[②]。

公共治理作为实现善治的一种方式，主要特征是治理过程的公开和透明。透明性要求与治理相关的信息及时通过各种传播渠道为公民所知，以便公民能够有效地参与治理的决策和实施过程，并且对社会治理过程实施有效的监督[③]。在传统社会，政务公开主要借助于官方的传播渠道和传媒，信息透明与否完全由官方掌握，公民无从得知信息是否公开透明，还是形式主义。在网络传播时代，微博则让透明性凸显。微博平台是一个公开透明的平台，微博对任何人开放。微博广场上的信息全部是公开的，政府等治理主体在微博上发布信息，任何一个公民都能看到。只要能够接入互联网，任何人都可以获知微博信息，并进行评论。公共治理视域下的微博参与社会治理的透明性更加显著。微博参与社会治理构建起来的就是公开透明的社会治理环境。任何治理主体在微博上发布的信息都是面向所有的社会公众，而不是面向特定群体的，只要在微博上发出了相关信息，就保证了治理决策和实践的透明性，这在传统社会是无法做到的。在治理主体利用微博积极开展政务公开的前提下，治理决策的缘由、过程、结果，实施的过程，其中存在的问题都可以在微博上公开，任何人都可以监督治理的

① 俞可平：《社会公平和善治是建设和谐社会的基石》，《理论与当代》2005 年第 4 期。

② 丁宇：《论善治的基本诉求》，《江汉论坛》2009 年第 10 期。

③ 邵任薇：《国外城市管理中的公众参与》，《江海学刊》2003 年第 2 期。

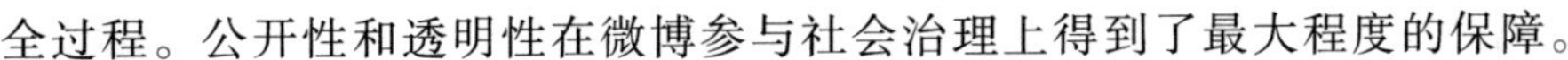

全过程。公开性和透明性在微博参与社会治理上得到了最大程度的保障。

第七节 治理效率优化

治理的发展过程就是不断提升治理效率的过程。治理的理念是把企业运作模式引入政府机构，按企业模式重塑政府，目的在于提升治理的高效性。公共治理的直接目的是提高社会事务的治理效能，最大限度地维护和增进公共利益，最终实现社会发展和公共利益的最大化。畅通的沟通渠道是提升治理效率的重要推动力。信息的快速流动和共享能够加速民意监测和民意搜集，促进决策的科学化和民主化，而畅通的信息传播渠道能够加速治理决策的推广，双向互动机制也能够保证治理的监督，保证治理实践的规范。在传统媒体时代，舆情监测难、速度慢、信息资源匮乏、决策慢、影响力小，导致了治理效率低下。而善治要求治理主体第一时间了解社会动向，作出最及时的判断和行动。信息流通障碍与善治的需求之间存在着矛盾，导致了决策的缺陷、官民之间的不信任和误会。微博则为治理提供了高速便捷的传输渠道，成为治理效率提升的催化剂。在微博时代，随着智能手机的普及，由于微博的自由、即时性、开放性等特征，使得任何机构和个人都可以在任何的时间和地点直接快速地利用微博发布相关信息和意见，微博聚合了各种媒介传播方式，最大限度地提高了信息传播的速度，降低了治理的成本，打破了治理实践的烦琐程序和时空障碍，提升了治理的效率。微博参与社会治理不但提升了效率，降低了工作成本，而且由于更加重视治理主体之间的合作协商，提升了治理效能，提高了工作的质量和为公众提供服务的水平，大大提升了治理的社会效果和群众的满意程度。比如在交警微博中，交警和司机第一时间利用手机将交通状况发布在微博上，方便他人行车，有效治理了交通拥堵的问题。在微博参与社会治理中，治理的效率得到了前所未有的提升，这也是微博的价值所在。

第九章

微博参与社会治理中的问题

公共治理视域下的微博参与社会治理改变了传统的治理模式和结构，使社会治理的主体、内容、形式和效果都得到极大的扩展。微博所具有的自由性、互动性、即时性、零门槛、开放性等不同于传统媒体的特性，进一步实现了公民行使知情权、参与权、表达权、监督权，把人们带入一个全新的参与空间，使公平、公正、社会正义等价值得到前所未有的张扬。但是，也正是微博匿名、随意、便捷的传播特性决定了微博参与社会治理的双重性，不可避免地存在一些与生俱来的问题。微博上的自由表达因缺乏有效约束，导致微博信息失真和非理性；微博作为信息传播技术，与社会经济发展水平紧密相关，体现出不均衡的状况；微博上的不理智行为导致了围观心态、微博审判，无助于微博参与社会治理。政务微博的形式主义导致了微博参与社会治理效果大打折扣。微博缺乏有效的规制和制度保障，导致了微博的种种乱象。微博肆无忌惮的参与，也可能演化成网络上的噪声，展现出网络的无政府状态。微博的发展时间短、速度快，加之缺乏法律和道德的有效约束，使得治理主体运用微博参与社会治理的过程中存在着诸多问题，并且产生了严重的负面效果，这已经得到现实生活的众多印证。微博参与社会治理中的信息问题、行为问题、法治问题不容忽视，值得我们警醒。

第一节　微博信息问题

微博信息的质量和数量是微博参与社会治理的基础，只有高质量、有价值的信息的广泛传播才能保证微博参与社会治理的科学规范。但是由于微博发布、转发、评论的便利性、虚拟性、匿名性、开放性，网民们可以畅所欲言，而不必担心遭到打击报复，使微博成为人人都可以介入的信息自由市场，存在着形形色色的信息内容和价值观念。网民的微博表达不像现实生活中那样受到严格的法律规范和道德规范的约束，缺少规则限制和有效监督，加上部分网民缺乏道德自律意识，导致微博信息存在虚假、泛滥、偏激、非理性等问题。微博上充斥着虚假、色情、暴力、违法、违规等有害的信息和错误的观点，也流传着各种奇谈怪论和不健康的观点，裹挟着欺骗、偏执和罪恶，影响到公众对微博舆情的判断，进而影响微博参与社会治理的质量，威胁网络社会的秩序和稳定，甚至对社会生活和社会治理产生负面的影响。

一　信息失真，谣言泛滥

微博的虚拟性、匿名性、自由、零门槛等特点，导致微博上的信息良莠不齐、真假难辨。由于微博的匿名、便利，一些别有用心的人会利用微博制造和发布谣言，发布虚假、欺诈信息，以达到不可告人的目的。部分用户缺乏辨识能力和自律意识，加上真实性难以考证，自觉或者不自觉地会不加求证而大量转发一些虚假的信息。由于微博平台缺乏有效的把关机制，部分用户缺乏法律和自律意识，在生产和传播信息的过程中，可能有虚假、失实的信息，由于此类信息往往迎合某种社会情绪的内容，容易被网友转发，形成虚假信息被大量转发或评论的情形[①]。由于微博信息传播迅速，使参与者难辨真伪，转发后的影响是好还是坏无法估量。“谣言集

① 庞宇：《微博管理的问题与对策研究》，《行政管理改革》2012 年第 3 期。

散地”成为微博最大的恶名。在微博的信息自由市场上，真相与谣言共存，而且虚假的信息占了很大的比重。微博成为谣言的温床和虚假新闻的沃土，影响社会安全和稳定，给社会管理带来难度。微博内容中时常夹杂一些恶意和有害的虚假信息。如近年来的“金庸去世”“抢盐风波”、各种食品安全谣言都是借用微博编造和散布的，造成了社会混乱，引发了公众的恐慌情绪。在“7.23”动车事故中，就有一个人冒充一名失去孩子的母亲，在微博上发言，让大家帮她在现场找找孩子，致使很多不知情的人更加“坚信”政府掩埋火车头是为了掩盖伤亡人数①。这些虚假的信息和谣言经过大量转发和传播，遮蔽人们的视线，影响人们的认知和判断，不但没有促进社会治理，反而加剧了社会问题。当微博成为组织和动员人民的工具时，人民容易被这些虚假的信息所误导，信以为真，民意就有可能流向错误的方向②，民意因此也被伪造和操纵，人们会根据这些错误的信息产生特定的态度和行动，与真相南辕北辙，严重影响人们微博参政的方向。而当虚假信息被揭穿后，用户发现他们被愚弄了，更让他们心灰意冷，进而影响他们使用微博参政的热情。谣言的大量传播导致了微博生命力的不断下降，这种趋势必须及时制止，否则将严重影响微博参与社会治理的质量和效果。据统计，“2013 年初至 2014 年初，与 H7N9 谣言相关的新闻报道已近 3 万篇，相关微博已逾 13 万，论坛帖子 2500 多条，综合数据在 2013 年 4 月份达到峰值”③。

二 信息冗余和重复

由于微博的便捷、低廉、零门槛等特点，使用户可以随时随地地发布和转载信息，只言片语也是一条微博，这样就会出现大量同质但缺乏信息量的微博，导致了信息的冗余，有价值的信息被淹没。大量用户都会关注一些影响力较大的微博舆论领袖，微博舆论领袖往往有数百万甚至上千万

① 孙亮：《微博领域的公德探究》，博士学位论文，华东师范大学，2012 年。

② 李少文、秦前红：《论微博问政的规范化》，《河南社会科学》2011 年第 4 期。

③ 齐思慧：《惩治 H7N9 谣言信息公开才能消除恐慌》，人民网，2014 年 2 月 14 日，http：yuping. people. com。

的粉丝，他们所发出的一些微博会引起成千上万的转发，这样导致了信息的重复，即刷屏，尤其在一些热点事件中。如果舆论领袖本身的意见有问题，那么经过大量的转发，错误的信息就会传播得更广更远。有一些微博大 V 专门发布一些趣味微博、笑话、心灵鸡汤，经过粉丝大量转发，也是一种信息重复和冗余。这种重复的无价值的信息严重影响了微博在参与社会治理中的价值和功能。

新媒体时代，多元化的信息传递渠道产生了各种小道消息，造成信息的混乱。微博作为一种自媒体，人人都是发布者，不可避免地会导致信息爆炸。这些信息如潮水般汹涌而来，铺天盖地，泥沙俱下，其中充斥着大量的重复和冗余信息。由于微博信息的重复，公众在千篇一律的微博中，会茫然四顾、无所适从，而微博舆论在自在的状态下很容易迷失方向，甚至误入歧途。由于微博的无责任性和匿名性，一些奇谈怪论和不健康的观点像毒药一样在网络上传播。尤其是一些容易招致批评的微博，会引发一边倒的跟帖评论，特别是商业化发帖，利用信息技术，通过僵尸微博来转发，海量信息容易淹没正面信息和有价值的信息，而微博参与社会治理需要的正是这些有价值的信息。人们会因被刷屏而认为这些信息是共识，民意容易被伪造和操纵，因为刷屏而形成的民意假象是虚假的民意，即伪民意。失控的“技术进步”和信息泛滥可能会把人变成技术的奴隶。由于公众缺乏全面的消息来源和辨析能力，很难从众说纷纭中发现有价值的信息，导致公众无法对信息进行明智的选择，进而影响社会治理的过程。在微博参与社会治理的过程中，面对着微博海量信息的狂轰滥炸，治理主体的网民和政府往往难辨真假、无所适从，加大了民意整合和达成社会共识的难度，实现善治目标变得阻力重重①。

微博信息冗余和重复，导致了很多不容忽视的问题被淹没在信息海洋之中，微博上一些社会问题的重复呈现让人麻木，一些社会问题习以为常，耐受度不断提高，麻木不仁，甚至只有惊天动地才能引起人们关注。有人戏言，看一次微博要看几天的新闻联播来疗伤。人们对社会问

① 陈杰、叶战备、黄信瑜：《善治视角下的网络政治参与》，《浙江社会科学》2010 年第 24 期。

题越来越习以为常，不再积极地转发和评论，这导致了政府对这些问题的失察，积弊日深，微博监测环境、听取民意、建言献策的功能不能充分地体现出来，微博参与社会治理的重要价值也被淹没在信息洪流之中。

三　非理性信息

微博因其表达平台门槛较低、自由度高、信息发布便捷、匿名性等特征，使得民众表达意见更为直接、随意、便捷。由于人性的缺陷，容易出现集体非理性、情绪化、偏激化、网络暴力等负面现象。少数人的激烈言论经过大量转发和大范围传播，侵蚀了微博参与社会治理的积极功能。用户在微博上可以随意发表言论，微博自然成为一些网民发泄情绪的空间。部分用户使用微博享受着自由发布的快感，忘记了自我约束，在微博上常常表现出冲动、激动与超现实，情感成分胜于理智成分[①]。甚至有些人在网上肆无忌惮，抛弃了责任感。由于微博的匿名性，发言者身份隐蔽，有些网民极易攻击他人、攻击社会，宣泄对社会的愤恨和不满，以侮辱、谩骂、诽谤等方式对他人进行人身攻击，成为十足的网络暴民[②]。大部分网民把微博作为一个满足个人表达欲望的平台，写条微博发发牢骚、谈谈感想、博取眼球来满足心理需求。有些网民由于在现实生活中碰到了问题，遭受挫折，出于对现实的不满，又受制于现实生活中的种种约束，转而通过微博寻求共鸣、宣泄负面情绪，微博上不可避免地出现灰色、偏激的言论。一些人滥用传播权和表达权，将个人恩怨和情绪在微博上发泄，其微博难免有夸张、感性、情绪化的成分，导致微博上充斥着极端的言论、粗俗的言论、恶语中伤、口水大战等[③]。一些个人微博上经常出现“道德败坏、沦丧、堕落、不知羞耻”等词汇，大多是宣泄一时的情绪，图一时口快，缺乏充分的事实根据，无助于问题

---

① 刘新荣：《论微博传播与微博参政》，《当代传播》2011 年第 5 期。

② 许小美：《浅析我国微博问政的兴起及其理性限度》，《内蒙古农业大学学报》（社会科学版）2011 年第 5 期。

③ 陈文胜：《论微博问政的规制及导引》，《中国特色社会主义研究》2012 年第 3 期。

的有效解决。

微博用户因为对真相掌握得不全面，容易出现情绪化和偏激化表达。微博的碎片化和即时性导致了微博用户对事情不能有全面的了解，往往是断章取义、管中窥豹，在转发和评论的过程中难免带有很强的主观性。当他们看到一些不平的事件时，他们往往不经过求证，便加以激烈评论，比如“不杀不足以平民愤，千刀万剐”这样的评论；而且微博的交叉传播使得这种情绪不断蔓延、肆虐，甚至酿成“网络暴力”事件，通过微博的“传染”“裂变”效应将事情的负面影响“放大”，使微博舆论呈现无序化的特征和强大的负面效应。而“网民也存在着集群行为，当一种错误的声音通过网络迅速放大成舆论时，往往会把真相掩盖，甚至会导致网络暴力的出现”[①]。这不仅会侵犯和伤害私人利益，而且会危害公共利益和社会的和谐稳定。

在面对公权力问题时，微博也容易陷入“塔西佗陷阱”。微博用户往往从个人的立场和视野观察和评论事件，情绪外露，尤其面对政府等组织机构时，这些评论的质疑和批评色彩浓厚。由于转发的便捷性，无法进行核实，加上微博用户对公权力的长期偏见，导致了对执政党、公权和政府管理问题上的虚假信息传播得更快更广。激烈的言论甚至网络谣言的散布，加剧了民众对政府的偏见，甚至可能引发重大的现实事件[②]，对党群关系产生负面影响。由于微博的匿名和便利，一些网民不用受现实身份束缚，把自己变成一个“愤青”，遵从“快乐原则”，随意宣泄不满情绪，言辞激烈，甚至侮辱、谩骂[③]、煽情，给“网络暴力”“网络审判”和“网络无政府主义”等留下空间，对官民关系、公共利益、公共安全等产生负面影响，导致微博参与社会治理的方向出现偏差[④]。

微博的非理性容易被人利用。少数人的激烈言论更容易引发人们跟帖评论，更有市场。由于微博具有方便、快捷的优势，又具有缺乏把关、难

---

① 李荣胜：《我国微博问政存在的问题及其对策》，《学习论坛》2012 年第 8 期。

② 许小美：《浅析我国微博问政的兴起及其理性限度》，《内蒙古农业大学学报》（社会科学版）2011 年第 5 期。

③ 陈文胜：《论微博问政的规制及导引》，《中国特色社会主义研究》2012 年第 3 期。

④ 陈文胜：《“微博问政”与党的执政方式创新》，《兰州学刊》2011 年第 12 期。

以监督等缺陷，给一些心怀不良动机者提供了可乘之机，他们利用网民易于激动、不了解事情真相的弱点，煽动民众情绪，形成虚假的民意[①]，误导广大公众，也使政府对民意出现误判，影响了社会治理的决策制定和实施。微博的交叉传播让非理性的意见和信息放大化，引起轰动效应，影响社会的稳定。网络时代沉默的螺旋现象仍然存在，"沉默的大多数"的声音得不到体现，心怀不轨的"少数民意"可能被放大，致使个人的偏激行为扩散为非理性的社会舆论，进而影响社会的稳定[②]。

四　碎片化

碎片化是微博信息的重要特征。微博只能容纳140个字，由于字数受到限制，信息量有限，必须删除一些细节，微博的短小可能遗漏重要的信息，无法全面反映现实，就无法说得清楚和透彻，影响公众对事实的全面认识，导致一叶障目、不见泰山。尤其是一些微博素养不高的人，如何将自己想要表达的意思通过140个字表达出来是微博使用的瓶颈问题。微博文字受篇幅限制，相对复杂的问题往往会借助于链接和长微博。而微博造成的碎片化阅读习惯，使用户较少会点开链接和长微博进行阅读，导致沟通中断，影响传播效果。虽然微博的碎片化特征使得多元治理主体之间沟通更为便捷，但是碎片化的传播随意性较强，需要传播者多次发布才能呈现完整的信息[③]。很多事件和信息内容较多，而因为微博的字数限制，很难一次把信息发布完整，这就影响了用户对真相的全面理解，甚至造成民众对信息的曲解，影响了政府和民众之间的沟通，加剧了民众对政府的不信任情绪，加深了官民矛盾。

从微博用户角度来看，虽然表达意识增强，但是各个群体利益诉求多元、琐碎，很难汇聚成一个大的民意流[④]，很难体现清晰的主题和线索，也

① 李荣胜：《我国微博问政存在的问题及其对策》，《学习论坛》2012年第8期。

② 孙忠良、衣永红：《"微博问政"与党的民主建设之间的互动》，《南通大学学报》（社会科学版）2011年第4期。

③ 周静静：《政府官员"微博问政"——当前社会管理的新思路》，《哈尔滨学院学报》2012年第4期。

④ 吴丽、李景龙：《微博问政与民意表达》，《新闻世界》2012年第5期。

难以强大到引起政府部门的注意，导致了政府对民意的片面了解，影响了政府对微博舆论和微博民意的准确认知。正是由于微博的碎片化特征，导致微博公共话题营造缺失。微博作为自媒体，往往停留在自说自话的阶段，影响微博参与社会治理的效率。微博参与社会治理需要微博用户在一段时间内集中关注一些重要的事件，围绕事件群策群力，发表意见，汇聚智慧。没有公共话题，微博中的人群就难以聚集，话题也无法扩散。公共话题是微博的生命力。以“平安北京”为例，虽然紧紧围绕春节特色和职能范畴构建了较为丰富的话题，拉动了公众参与的积极性，但是对同时引发热议的民生话题却少有涉猎，视野略显狭窄①。由于碎片化的传播特性，集中讨论的话题往往会由于某一个杂音而破坏，转移了大家的注意力，导致功败垂成。

也正是因为碎片化的特征，导致了微博上权威缺失。在微博舆情引导中，权威至关重要。有序是发挥参与式民主优势和功用的基本前提。有序就意味着，有权威，有高有低，有中心，有边缘，有监督，有肯定，有批评，有主要，有次要，而不是所有人能量都一样。如果没有权威，任由微博公众的杂音自由生产，很可能会由于微博的众声喧哗，出现一种去中心化的无政府状态，权威消解，衍生出一种无政府主义。大家对专家对权威持怀疑态度，人们不相信专家，不相信权威，这就导致没有信任，无法凝聚人心，大家各自为战，一盘散沙，严重影响微博参与社会治理的效果和效率。

第二节　微博行为问题

除了微博信息本身的问题之外，用户使用微博也容易出现一些越轨行为，使用微博不当也容易使微博参与社会治理的方向出现偏差。

---

① 詹骞：《公共治理视野下的政务微博——以“平安北京”龙年春节期间的微博为例》，《当代传播》2012 年第 5 期。

一　微博被人利用

微博用户数量巨大，影响力日增，微博的交叉传播能够提升用户的影响力，吸引粉丝，获得社会效益和经济效益，所以微博具有巨大的政治价值和商业价值。正因为如此，微博也容易被一些别有用心的人和不法人员所利用，微博的积极功能正在产生一些对社会的负面影响。

1. 微博炒作盛行

部分组织和个人为满足一己私利，利用微博间接绑架了每一个网络个体。由于微博交叉的巨大影响力，微博也成为一些人和机构炒作的平台，一些商业机构为了实现经济利益，发布一些极端言论和小道消息，吸引他人转发和关注，扩大粉丝群，达到一定程度后，就开始发布一些广告，开展微博营销。部分机构和个人利用微博发布虚假、引诱的信息，引诱他人上当，获取经济利益。还有一些网民为了出名，标新立异，利用偏激、极端的言论炒作自己。一些网络推手制造虚假新闻，误导网民，损害政府形象。据统计，2010 年，微博参与炒作的热点事件有 74 起，几乎都是负面炒作，多数是问责政府部门，而且几乎每起热点事件和突发群体性事件都会有谣言产生和传播。如郭美美事件、湖北官员 11 刀自杀案、邵阳沉船事件、江西抚州爆炸案、日本地震核泄漏等，一度出现谣言失控状态，充斥着非理性声音和偏激情绪言论①，造成了恶劣的社会影响。比如，“身体换旅行”的微博炒作不但违背公序良俗，给社会伦理道德带来冲击，而且误导年轻网友，造成不良的社会导向。

2. 网络水军泛滥

网络水军即受雇于网络公关公司，为他人发帖回帖造势的网络人员，以注水发帖来获取报酬。有一些人和机构雇佣网络水军来达到自己的目的。网络水军的介入使得一些虚假信息和偏激信息转发、点赞，让用户信以为真，上当受骗。网络水军的泛滥导致了真实的意义被掩盖，伪民意盛行，误导了微博舆论，影响了人们对微博和社会情况的

① 张鸫：《微博问政的力量与风险》，《中国党政干部论坛》2011 年第 12 期。

准确认识。

3. 微博被人利用

更为严重的是，微博也容易被不法分子和西方势力所利用。互联网是各种文化、思想、意识形态不断碰撞交锋的场域，微博的重要性不言而喻，因此，微博也容易被各种敌对势力和外来势力所利用，微博成为争夺民心，特别是争夺年轻一代精神世界的无硝烟战场①。由于网络无国界，微博容易成为他国进行网络渗透的重要工具。即使在一国内部，也有不法分子利用微博而煽动起不利于国家民族利益的舆论。恐怖主义者、意识形态斗士利用微博蓄意散布危险言论，制造紧张的政治氛围，给政治统治和社会稳定造成严重威胁。

二 围观心态和群体极化

互联网的发展使传统地域边界消失，世界各个角落的个体都能聚集到一个共同的平台，并重构自身的关系网络。许多个体基于共同的趣缘而聚合在一起，形成一个个小世界，这些纷繁复杂的小世界构成了今天的网络社会。恰如碳原子按某种形式能够构成石墨，而按照另外一种形式组合则能形成钻石。当个体通过互联网连接形成群体时，有时候会产生群体智慧，有时候会导致群体极化。

微博的关键在于参与。如果没有各种形式的参与，微博也就没有价值。如果不转发，不评论，不贡献自己的力量，微博也是没有价值的，很多人只是看看，并无助于社会问题的解决。如果只有围观，没有网络行为和社会行动，不一定能够改变中国。围观容易导致群体极化现象。芝加哥大学法学教授卡斯·桑斯坦（Cass Sunstein）在《网络共和国》一书中提出了“群体极化”（group polarization）的假设：团体成员最初就存在某种偏向，并因其偏向性而组成团体；在讨论中，因为缺乏对立的意见和争论，人们更强化了原有的偏向，甚至形成极端的观点。而且个体通过互联网以匿名的方式成为群体成员，更容易产生群体无意识，使群体成员成为

① 陈文胜：《论微博问政的规制及导引》，《中国特色社会主义研究》2012 年第 3 期。

乌合之众，进一步增加了群体极化的风险。互联网传播时代，公众能够以最敏捷的势态介入公共事件，网络本身所具有的巨大能量使网络舆论迅速形成“民意浪潮”；但由于微博内容的碎片化和非理性化特征，网民不能及时全面地了解事件的本来面目，导致网络舆论往往呈现出一边倒的趋势，进而朝着一个极端的方向移动。“沉默的螺旋”理论也认为，大多数个人担心被孤立，会力图避免持有与其他人不一样的态度和观点。有一部分信息通过大众传播媒介的传播，易被当作多数或优势意见，从而给人们带来压力和对社会孤立的恐惧，引起劣势意见的沉默和优势意见的压倒性形成。一方意见的沉默造成另一方意见相对增长，如此此消彼长、循环往复，导致主流的观点越来越强大，不同的观点越来越少。微博的围观也容易成为极端主义的温床。由于微博的背对脸关注和跟帖机制，志同道合的人可以在微博上轻易且频繁地沟通，形成小圈子，但听不到不同的看法①。特别是中国微博用户中大部分是青少年，容易感情冲动，尤其容易走极端而引发群体极化。微博上大量的用户有着自由主义倾向，与当政者有着本质的分歧，容易出现一边倒的现象。比如在药家鑫案中，微博一边倒地出现“杀人偿命”的声音，影响了司法审判。这种“群体极化”会造成“网络暴力”，不同的意见不断沉默和消失，单一的意见和声音成为主流。

三　微博审判

微博上的自由表达和众声喧哗让不同的意见得以呈现，但微博用户素质良莠不齐，所发出声音的质量和价值也有高下之分。有些言论缺乏理性，不合常识和逻辑，经不起推敲，尤其是对违法犯罪事件的评论看法有失偏颇，而这种人并不是少数，这就容易导致微博审判。汹涌的伪民意干扰了司法审判，影响了司法公正。当前，网民缺乏健全的法制意识，在一些违法案件的评价上，体现了情绪化和非理性的倾向。河北大学交通肇事案（即“我爸是李刚”事件）就引起网络上的巨大反响，大量网民参与这

① 陈杰、叶战备、黄信瑜：《善治视角下的网络政治参与》，《浙江社会科学》2010 年第 4 期。

起公共事件的讨论，对被害人的声援和对肇事者的谴责[①]往往偏离了方向，影响了社会公众的准确认知和法院的公正审判。而药家鑫案更是将这种危险推向了极致。“不杀不足以平民愤”的一边倒的声音对当事人而言，显得不公平；对法治全局而言，则可能干扰法官的独立判断。微博作为自媒体，往往用词激烈失当，带有强烈的个人感情色彩。在热点司法案件出现时，微博用户往往将某些“细节”无限放大激化舆论，对当事人“口诛笔伐”，对事实真相却语焉不详，一笔带过。人人都是法官，无视“无罪推定”“罪刑法定”“罪罚相适应”等原则，以道德评判取代司法审判，破坏了法治原则，妨碍司法公正。尤其是在一些热点的社会犯罪案件中，微博上的激烈言论更是层出不穷。比如2013年10月5日，微博“@飞狗东东”（微博认证为：陕西联通网络建设部副总经理）：“看着今日说法节目，深埋十九年的罪恶，天杀的人贩子，将孩子母亲杀害，2个孩子贩卖，严惩啊！真是十恶不赦！@微博打拐@陈士渠。”甚至一些职业律师在微博上也会发出一些过激的言论。比如“@律师段明祥”（微博认证为：贵州哲瀚律师事务所专职律师），针对一些违法犯罪案件，就发布了多条言辞激烈的微博，如：“昆明火车站严重暴力恐怖案今日宣判：4被告人3人死刑1人无期。——必须依法严惩，迅速地将这些暴力恐怖犯罪分子打入地狱”“这四只毫无人性的畜生，竟在杀害新婚夫妇前，对该妇女进行了长达8个小时的轮奸，并将她的乳头一个咬掉，一个插着牙签，下体插着钢针。对此暴行人神共愤，望尽快将这四只畜生打入地狱”“新疆和田女警被暴徒袭击身亡已有2月身孕。——必须尽快将涉案凶徒抓捕归案，依法处以死刑，迅速将他们打入地狱，绝对不能容忍此类人渣的暴行”“招远杀人案嫌犯拒认罪称正当防卫。——如此冷血的东西，那就尽快将他们打入地狱，去狂舞他们的全能神吧”“孕妇为丈夫猎艳案主犯今日被执行死刑。——应当尽快将这两个禽兽不如的东西打入地狱”。这些言论超出了律师职业的范畴。微博“@冰与火1919”：“301昆明火车站暴力恐怖分子经昆明高院复审维持原判，判处死刑和死缓，大快人心，这种人不杀天理

---

① 秦前红、李少文：《微博问政的规范化保护需求——基于社会管理体制创新的视角》，《东方法学》2011年第4期。

难容。”这些激烈的言论并不是理性的讨论，无助于事情的解决，反而会导致舆论审判。

第三节 微博参与社会治理不均衡

中国经济社会发展并不均衡，东西贫富差距巨大，大中城市和偏远山区的经济社会发展差异明显，导致了媒介的普及程度不一样，借助于信息基础设施建设的新媒体的发展程度有很大的差异，能够享受到新媒体的利益不一致，微博的普及程度和使用频率大不一样，利用微博参与社会治理的现状也并不均衡。在微博参与社会治理中，微博的接触和使用的程度多少是决定其发挥作用的主要因素。在目前的情况下，互联网的发展在地区之间的不平衡造成了特定群体在参与机会上的不平等[①]。这种不平等势必会影响网民微博参与社会治理的代表性和普及度，进而影响微博参与社会治理的效果。

其一，政务微博发展不均衡政务微博是微博参与社会治理的主导力量。由于经济发展水平的差异，不同地区的政务微博发展并不均衡。政务微博的发展不均衡“主要体现在地域、行政级别、职能部门分布不平衡，呈结构性失调。从地域来看，东、西部发展不平衡，经济发达地区与经济落后地区发展不平衡。从职能部门来看，除公安、交警等部门表现突出外，部分职能部门的微博亟待开通和完善”[②]。微博参与社会治理的发展呈现不均衡的特点，经济发达地区如浙江、广东、江苏等南方省份在发展政务微博上走在了前列，而许多西部欠发达地区则很少有行政官员开通微博，政务微博并没有得到很好的发展。据2011年新浪政务微博报告，截至2011年10月底，在地域分布上，政务微博已全面覆盖全国34个省级行政区；在政务微博开通情况上，北京、广东、江苏、浙江、福建等

① 文艳：《“微博问政”现状分析及对策研究》，《中国电力教育》2012年第15期。

② 苏江丽：《构建我国微博问政长效机制的难点和对策》，《湖北广播电视大学学报》2012年第12期。

经济较发达的省份、直辖市在全国居前列，中西部地区政务微博开通情况大大低于华东、华南、华北等区域；在职能部门分布上，公安微博数量最多、发展最快①，而市政、卫生及医疗卫生等涉及民生的政务微博开通量不尽如人意。

比如，2013 年我国政务机构微博和公职人员微博地域分布情况如图 9-1，排名靠前的大多数是经济发达的省份、直辖市，如广东、江苏、浙江、北京、上海等。

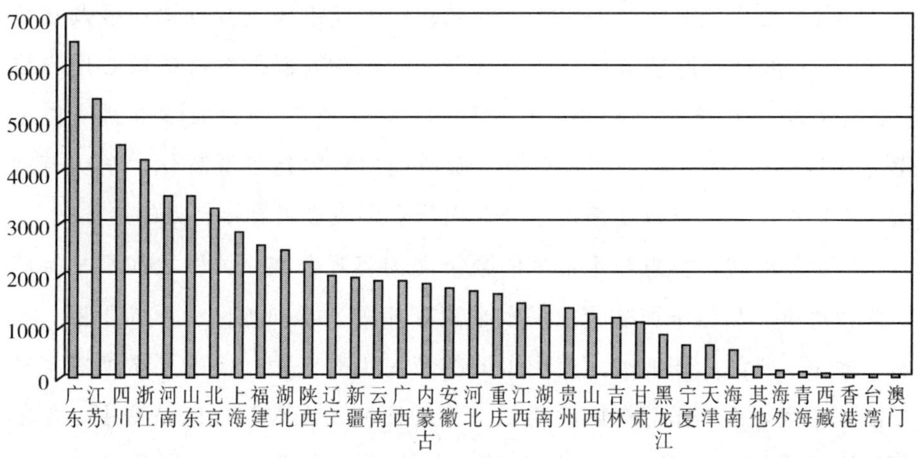

图 9-1　党政机构微博地域分布②

其二，微博使用不均衡。信息时代造就了信息富人与信息穷人。由于信息和传播技术的普及差异，享受信息科技发展所带来的福利也有差异，人们获取和使用的信息的质量和数量都不一样，即使同样都能使用新的传播科技；但由于知识积累和分析鉴别能力的差异，从信息中获益的程度也不一样，这就形成和加剧了新的数字鸿沟和知识鸿沟。中国互联网虽然发展迅猛，但数字鸿沟仍然不可逾越。根据 CNNIC 第 25 次报告，中国互联网发展整体水平还比较低，而且不同性别之间、不同年龄层次之间、不同

① 金宁锐：《当前微博问政的现状及其问题与对策》，《辽宁医学院学报》（社会科学版）2012 年第 4 期。

② 人民网舆情监测室：《2013 年新浪微博政务报告》，2013 年 12 月。

学历层次之间、不同职业之间，尤其是城乡之间、东中西部之间，存在很大差异。截至2009年底，我国拥有网民3.84亿名，绝对数量已居世界第一位，但互联网普及率只有28.9%。在网民中，城镇网民占72.2%，农村网民只占27.8%。东部地区互联网普及率达到40.0%，中部地区和西部地区分别仅为22.2%和21.5%[①]。中国网络社区用户在性别分布上，以男性为主；在年龄分布上，30岁以下占绝大多数，很多人还是学生；在学历上，大专、本科及以上的占多数；在行业分布及收入分布上，主要是学生、白领和专业技术人员[②]。2011年初，新生代市场监测机构在线调查公司SSI的在线样本库显示，年轻、高学历的职业人群是微博的核心用户群体，年龄集中在男性（63.8%），25—34岁（56.2%），大学本科或以上学历（74%）。从调查中可以看出，微博用户年龄趋于低龄化，学历普遍偏高，职业稳定。新浪微博由于公众人物众多也吸引着年轻人的追捧[③]。

在微博时代，信息技术带来的数字鸿沟客观存在，公民之间不平等状况比较严重。与经济和社会发展水平紧密相关，不同地区，不同阶层、身份、地位、年龄、职业的人使用微博的情况也有差距，影响了微博参与社会治理的代表性。虽然微博门槛低，使用便捷，人人都可以是博主，但能够使用微博的人并不是社会的全部，能够使用微博进行社会参与的人更少。使用微博的人不能代表所有的中国人，使用微博参与社会治理的人也不能代表所有的微博用户。微博意见的代表性明显不足，18—30岁的微博用户占多数，而且还有大部分的民众因为受教育程度、家庭状况、地理位置、技术等原因不能或不会使用网络[④]。微博使用的差异导致了代表性不足。微博中的信息鸿沟客观上制约了网络舆情反映民意的充分性和全面性。网民结构不均衡，通过微博表达出来的民意只是一部分人的诉求，还

① 陈杰、叶战备、黄信瑜：《善治视角下的网络政治参与》，《浙江社会科学》2010年第4期。

② 杨吉、张解放：《在线革命，网络空间的权利表达与正义实现》，清华大学出版社2013年版，第42页。

③ 杨萍：《自媒体时代微博公益传播研究》，博士学位论文，西南大学，2012年。

④ 魏俞满：《浅析政治微博对民主政治发展的影响》，《长春理工大学学报》（社会科学版）2012年第11期。

有很多未使用微博的公民，他们的利益却得不到表达[①]。网络是民意的聚集地，但绝不是全体的民意，也不是公众共有的普遍的思想和意愿。这就使得微博不能有效反映社会各个阶层的利益诉求，因此微博是否能够真实地反映最根本的原生态民意就值得怀疑。

其三，性格差异也导致了微博使用的不均衡。由于中国文化传统的中庸保守特征，对微博的爱好也因人而异，并不是每个人都喜欢使用微博；人们反映问题、发表民意有保密和隐私的需求，与微博的公开、透明性相悖[②]。即使频繁使用微博，也不一定就意味着真正使用微博来表达真实的民意，也可能遮遮掩掩，委婉含蓄，并不利于民意的收集和汇总。性格外向、活跃开放、乐于接收新鲜事物的人可能更倾向于利用微博获取和发布信息，表达民意。正是因为信息鸿沟和性格差异，较易发生微博民意“被代表”的情况。使用微博的人并不能代表全体社会公众，这也导致了微博民意的偏差，影响了微博参与社会治理的广度和深度。

其四，话语权力差异。虽然有着平等的微博接近和使用权力，微博用户也在积极使用微博，但是话语权力的差异导致微博参与社会治理不均衡。微博为政府、社会组织和公民个人提供了一个开放的沟通平台，但是交流不一定是平等的，因为任何话语背后都有权力关系的制约[③]。从话语分析的角度来说，话语本身是一种权力。普通民众在面对政府、大众媒体的时候，往往处于弱势地位，公众声音往往被忽视、被遗忘，而那些政务微博、媒体微博、明星微博、专家微博等粉丝众多、权威性强、公信力高，在微博中成为一个个中心，造成了微博上的“权力鸿沟”和网络话语权的不均等。一方面，官民的微博话语存在权力差异。官民之间权力与权利极不对称，政府权力过大，民众参与机会少，民主权利无法充分落实。在微博上，政务微博粉丝多，质量高，其声音传播面广，转发量大，影响大，一言九鼎；民众的粉丝少，质量低，转发和评论少，其意愿得不到体现和关注，人微言轻。在微博参与社会治理的过程中，

① 吴丽、李景龙：《微博问政与民意表达》，《新闻世界》2012 年第 5 期。
② 陈文胜：《“微博问政”与党的执政方式创新》，《兰州学刊》2011 年第 12 期。
③ 同上。

政府居于绝对优势地位，公众发出的声音很微弱而且常常受到忽视。虽然微博改变了传统的政治参与格局，但是不同群体的话语权力差异却异常显著。另一方面，公众被舆论领袖所代表。在微博用户群体中，普通微博用户的民意容易被“意见领袖”所代表[①]。微博舆论领袖在微博舆论中扮演引领角色，普通网民大多处于一种跟风从众状态，甚至在不明真相的情况下，成为谣言的制造者、传播者和扩散者，成为网络炒作者利用的道具[②]。《中国微博意见领袖研究报告》显示：少数 40 岁左右的男性精英主导微博话语，以媒体人、学者、作家和商人占主导[③]。这些微博“舆论领袖”的看法在一定程度上影响甚至左右微博普通用户的想法。在官员拥有权力话语权、知识分子专家学者拥有知识话语权、商业领袖拥有精英话语权的强势下[④]，普通公众在微博中面临着“失声”和被边缘化的困境，造成了网络话语权的不均等。

其五，公众之间的差异。公民之间的素质修养水平有很大差异，微博使用的能力和技巧也有很大的不同，关注的人的数量和质量、朋友的多寡、粉丝的质量和数量、微博内容质量的高低都会影响话语权力。即使在民众之间，在使用微博时也有很大的差异。有些人独立性强，发布一些有价值的信息和点评；有些人独立性弱，自主性程度不高、人云亦云，发布的信息和点评质量不高。这种人际间的不平衡也会影响微博参与社会治理的质量和水平。人与人之间的话语权力差异导致了参与不足。民众没有意识到微博在社会治理方面的重要性，对微博的信心不足，公众的声音可能会由于长期受到忽视而产生心灰意冷，萌生去意。

美国未来学家托夫勒曾经预测，未来社会面临的一个可怕的威胁就是国民分裂成信息富有者和信息贫困者[⑤]。信息富有者享受强大的网络设备

---

① 金宁锐：《当前微博问政的现状及其问题与对策》，《辽宁医学院学报》（社会科学版）2012 年第 4 期。

② 吴丽、李景龙：《微博问政与民意表达》，《新闻世界》2012 年第 5 期。

③ 金宁锐：《当前微博问政的现状及其问题与对策》，《辽宁医学院学报》（社会科学版）2012 年第 4 期。

④ 陈文胜：《论微博问政的规制及导引》，《中国特色社会主义研究》2012 年第 3 期。

⑤ ［美］A. 托夫勒：《力量转移——临近 21 世纪的知识、财富和暴力》，新华出版社 1996 年版，第 271 页。

和良好的网络服务，具备娴熟的网络技能和强烈的参政意识，他们通过互联网积极参与公共事务[①]，开展良好的合作。但是也有大量的人群不能使用互联网，更别提微博，即使使用互联网也未能发现互联网在表达民意、政治参与等社会治理方面的职能，更别提主动参与社会治理。信息贫困者由于不具备信息传播的基础设施，也没有利用互联网进行公共参与的意识和能力，无法合理有效地表达自身的利益诉求，即使发出自己的声音，往往也因为过于微弱而不被人重视。治理主体中信息富有者和信息贫困者的分化和不对等地位，制约了公众利用微博参与社会治理的广度和深度，影响了社会治理的效果。

第四节　政务微博的形式主义

微博参与社会治理已经成为一种潮流，但在社会治理中的功能并没有完全体现出来。微博的影响力与其社会治理功能不相匹配，原因就在于，虽然微博影响力巨大，政府、民间组织和社会公众也在有意识地利用微博主导或者参与社会治理，但是由于存在认识上的偏差，政务微博仍然存在形式主义的弊病，参与社会治理不到位，削弱了微博在社会治理中的功能。对微博参与社会治理认识上的偏差直接影响到微博参与社会治理的方式方法，导致微博形同虚设，或者虚热作秀，或缺乏互动，或应对失策，导致政府和官员不能主动去挖掘和利用微博参与社会治理的重要功能。

一　微博形同虚设

在政务微博浪潮中，部分地方政府和有关部门跟风开设微博之后，没有有效地利用和科学地运作，导致微博形同虚设。虽然开了微博，却不见经常更新，或缺乏实质性内容，“三分钟热度”，潮流一过就“人去博空”，

① 陈杰、叶战备、黄信瑜：《善治视角下的网络政治参与》，《浙江社会科学》2010 年第 4 期。

导致微博“形式化、空心化、名利化”。微博是信息公开的重要渠道，但是有些政府微博的公开信息范围有限，缺乏负面信息的公开，信息透明度低。部分政府并没有把微博当作一项常态工作来对待，导致微博存在着信息发布和更新不及时、无规律[①]，有的微博开通后几个月不更新，直接成为“僵尸博”。有些政府机构并没有准确地认识和把握微博的使用规律，微博内容缺乏特色和信息量，或者至多转发一些政府公告和地方新闻，把微博当作政府网站的缩减版。政务微博的形式主义还表现在政府在突发事件之后的“失音”“失语”[②]，不敢直接面对网络事件和民众的质疑，而是选择逃避遁形，或者是简单粗暴地应对网民，缺乏引导舆情的经验，没有充分发挥微博的价值和作用。

二 微博参与治理的“虚热”和“作秀”

微博迅速发展后，引起了政府部门的跟风，政府部门纷纷开设微博，但也呈现出虚热和作秀。有些微博在跟风开设之后，短期内出现虚热，大量发布一些信息，但缺乏长效机制。在部分地方，政府已经把网络问政作为考核干部的指标，但是并不是所有的干部都认可这种方式[③]，只是不得已而为之。部分官员对微博问政存在偏差，存在“作秀”心理，热衷于通过微博打造“亲民”形象，为“问”而“问”，微博上“问”得热热闹闹[④]，现实中问题依然如故。2010 年“微博两会”广受追捧，可是在会议结束以后，如火如荼的微博却呈现出人走茶凉的尴尬境遇[⑤]。有些政府官员和机构急功近利，为了塑造某种“形象”开设政务微博，摆花架子，缺乏实质性内容。有些微博为了赢得“粉丝”[⑥]，甚至采取不正常的手段来博取关注，比如有一条微博发布消息称，某重要人物落马，立刻引来大量

---

① 李威：《微博问政发展的现实困境与解决路径》，《广州广播电视大学学报》2012 年第 4 期。

② 苏江丽：《构建我国微博问政长效机制的难点和对策》，《湖北广播电视大学学报》2012 年第 12 期。

③ 李蕊：《网络问政如何真正成为善治助推器》，《领导科学》2012 年第 2 期。

④ 同上。

⑤ 孙忠良、衣永红：《“微博问政”与党的民主建设之间的互动》，《南通大学学报》（社会科学版）2011 年第 27 期。

⑥ 董立人：《发挥政务微博在创新社会管理中的作用》，《思想政治工作研究》2011 年第 11 期。

的粉丝关注。这种简单的拉粉丝、拼转发的做法已失去了政务微博的本质功能。

三　缺乏互动

微博参与社会治理重在参与，关键在互动；不互动，参与就无意义[①]。缺乏交流互动，微博参与社会治理容易流于“走过场”，单向的信息流通无法实现真正的沟通。缺乏与公众的互动交流，政务微博就成为公告板。但仍有不少政务微博自说自话，自言自语，例行公事般每天发布几条信息，只做给上级看，而对网民留言不闻不问[②]，将“官僚主义”带到微博中。部分官方微博患上“痴呆症”，既“盲”又“聋”，只是象征性的摆设，不听取民意，不与民众互动，甚至形成“空微博”“死微博”。有些微博只是一个花架子，既不公开政务信息，也不回复网民意见，缺乏有效互动，这样的微博不过是摆设而已[③]。缺乏互动的微博难以及时回应群众诉求，就会引起公众的不满，降低政府部门的公信力[④]。正是由于政府与民众互动不足，沟通有限，对网民诉求敷衍，或者干脆直接关闭评论和私信功能[⑤]；缺乏微博互动，让微博“失色”，也令网民失望，加剧了人们对政府的不信任情绪，无助于微博参与社会治理的顺利开展。2014 年 5 月 21 日，微博博友“@王金伍”在微博上向“@平安荆楚”（微博认证为：湖北省公安厅官方微博）提问：“微访谈时间过半，我的提问没有得到一次回复，请对我反映的事情给予重视回应!”这也表明政务微博与公众的互动还需进一步加强。

四　语言老套

由于认识上的偏差和心理上的准备不足，加上微博技能上的缺陷，

---

① 邓遂：《“微博问政”热潮的冷思考——当前政务微博发展存在的问题及对策分析》，《对外传播》2012 年第 2 期。

② 陈文胜：《论微博问政的规制及导引》，《中国特色社会主义研究》2012 年第 3 期。

③ 孙忠良、衣永红：《“微博问政”与党的民主建设之间的互动》，《南通大学学报》（社会科学版）2011 年第 27 期。

④ 高坤：《官方微博在社会管理中的应用与思考》，《青年记者》2012 年第 18 期。

⑤ 吴丽、李景龙：《微博问政与民意表达》，《新闻世界》2012 年第 5 期。

有的政府机构及官员不能很好地学习微博使用的规律，没有了解新媒体时代微博用户的信息需求内容和形式，没有了解微博特有的语言习惯和表达方式，导致政务微博打官腔、说官话，缺少亲和力，不能很好地发挥政务微博的影响力[①]。部分政务微博还停留在公文语言阶段，沿用传统的“宣传思维”，言辞不当，出现“雷语”“悍语”和“官话套话”，说大话、空话，甚至没话，针对网友的问题，一句“无可奉告”打发群众。有些微博官腔十足，以领导者自居，回复网民要么不痛不痒，要么大道理满天飞；对待网民反映的具体问题[②]，动辄“严肃查处”，要么轻描淡写“正确对待”。有些微博连篇累牍均为“您反映的问题我们已经交给相关部门调查了解，感谢您对我们工作的理解和支持”这样的雷同内容[③]。部分语言僵化，缺少吸引力，照本宣科，空谈阔论，废话连篇，缺乏活力，没有落到实处，甚至言语失当。“正在办理中”“无可奉告”，满口官僚式的话语，拒不接受舆论批评，“不会说话”的官博一不留神就会遭遇“板砖”。2011 年 5 月 6 日 8：05，安徽阜阳市颍泉区公安分局在其官方微博“@颍泉公安在线”上发布消息称：“暴力抗法者之所以嚣张狂妄，暴露出一些地方行政执法的疲软、公权的萎缩。唯有迎头痛击，方能扶正祛邪，固我江山。”[④] 满是空话套话，没有实质性内容，引起了公众的围观和批评。这就是用语不当造成的网络事件，影响有关部门形象，不但起不到社会治理的作用，反而加剧了问题的演变和恶化，需要引以为戒。

五　政务微博舆情应对失策

政务微博回应迟滞和应对乏策是政务微博参与社会治理普遍存在的问

---

① 金宁锐：《当前微博问政的现状及其问题与对策》，《辽宁医学院学报》（社会科学版）2012 年第 4 期。

② 周建章：《“微博问政”须提升领导干部“微素质”》，《领导科学》2011 年 12 月下半月刊。

③ 董立人：《发挥政务微博在创新社会管理中的作用》，《思想政治工作研究》2011 年第 11 期。

④ 姜胜洪：《和谐社会构建中私营企业主阶层舆情问题研究》，《广西社会科学》2008 年第 3 期。

题。善治的回应性要求是指社会管理机构必须对公众的疑问和诉求作出及时和负责任的回答。借助于微博方便、快捷、交叉网络的传播特性，政务微博的回应性相对于传统的治理方式已经有了跨越式提升，但是受制于官僚体制的复杂性，政务微博回应迟滞问题仍然普遍存在，政务微博的零回应、迟回应和虚回应的现象时有出现。尤其是在对自然灾害、社会安全、违法犯罪等突发事件中，政府本应第一时间迅速发布信息，但由于需要层层审批，往往耽误了宝贵的时间①，不能在第一时间将权威、准确的信息发布出来，从而引发流言、谣言。在匆忙的应对中，微博的传播内容和方式不当，漏洞百出，出现舆论危机。政务微博的回应迟滞原因在于，一方面，面对微博上的海量信息和多元利益诉求，政务微博没有足够的时间和精力一一作答；另一方面，很多问题牵涉到多个部门机构，需要经过多方协调才能作出合理答复，加上有些部门本着“多一事不如少一事”的固有观念，一味推脱，必然会延迟微博的回应时间。

当前，政务微博普遍存在应对乏力的问题。一些重大事件发生后，引起了微博热议，但由于政务微博受到体制约束和素质不足，缺乏对网络舆情的引导经验，导致应对的时候束手无策。近年来，一系列的重大舆情事件都与微博有着密不可分的关系。部分地方政府未能及时准确了解微博舆情，缺乏微博危机公关的意识和能力，仓促应对，空洞地回复几句无关痛痒的话，最终演变成重大舆情事件，不但未能发掘和运用微博的社会治理功能，反而使微博陷入英雄无用武之地的尴尬，甚至引发了公众的广泛批评。如在江苏启东民众反对王子造纸的“南通排海工程”的抗议事件爆发前，网络上就存在大量的抗议，尤其是微博上的声音更是强烈，但当地政府却置之不理，最终爆发舆论危机②。

六　缺乏长效机制

微博发展历史较短，微博参与社会治理更是一种新生事物，缺乏长

① 李威：《微博问政发展的现实困境与解决路径》，《广州广播电视大学学报》2012 年第 4 期。

② 金宁锐：《当前微博问政的现状及其问题与对策》，《辽宁医学院学报》（社会科学版）2012 年第 4 期。

效机制，也让其面临很多障碍。由于没有制度化和规范化的保护，部分政府机构并没有把微博问政作为一项常态工作来对待，其直接表现就是信息发布不及时、无规律①。大多数政府机构还尚未养成通过微博平台进行政务沟通的习惯，缺乏完整的机制来保障信息内容、发布时间、审批流程等，导致微博参与社会治理缺乏持续性。“两会”期间的很多“热博”在会议一结束就成了“死博”，让微博问政成为一场“政治秀”，就是明证。

微博与实践脱节也普遍存在。有的官方微博只有“问”没有“政”，微博上的民意沟通往往停留在纸上谈兵。政府将微博的声音和诉求收集之后，回复督办力度疲软，流于形式，疏于责任；有的微博只是应景之作，处于“打酱油”状态，成为“花瓶”“政绩秀”和“网络民主秀”。有些政务微博与粉丝打得火热，但一离开网络，意见就被束之高阁，既没有体现微博治理主体的价值，弱化了“微博参与社会治理”的功能，“又引起网友的不满，损害了党和政府在群众中的形象”②，引发新一轮的民众对政府公信力的质疑。

第五节　微博参与社会治理的规范问题

缺乏法律和道德规范是微博参与社会治理中存在的问题，也是种种微博参与社会治理问题和缺陷背后的原因之一。正是由于缺乏法律规范，导致微博存在一些违法违规以及违背公序良俗的现象。微博便捷、匿名、互动、海量等特征是微博参与社会治理的优势，但也伴随着天然缺陷，微博的传播特性决定了微博无法进行有效的规制。在微博平台中，信息容量具有无限性，任何团体和个人都可以在微博上自由生产、转发和传播信息，表达自己的观点和看法。碎片化和浅阅读的信息生产和传播模式导致微博信息的真实性和客观性难以保证。微博海量的信息导致政府机关、微博平

① 李威：《微博问政发展的现实困境与解决路径》，《广州广播电视大学学报》2012 年第 4 期。

② 周建章：《“微博问政”须提升领导干部“微素质”》，《领导科学》2011 年第 36 期。

台缺乏足够的人力物力对微博内容进行有效监管和审查，导致一些不法言论迅速传播，并产生深远的影响。2009年7月，“饭否”与“叽歪”等中国第一批微博网站就因“内容监管不严”被关停①。缺乏针对微博的法律规范，微博为各种不安全、不文明和不规范的行为提供了沃土，严重威胁国家的安全和人们的生活②，导致网络正常秩序的混乱，甚至涉及国家主权和社会稳定。对于虚假信息、非理性信息和恶意散布谣言或网络暴力等网络违法行为缺乏监督、约束与制裁，导致微博上虚假信息和非理性信息泛滥，扭曲或掩盖真实民意，严重影响了微博参与社会治理的秩序和规范，导致了严重的社会后果。

一　法律规范问题

由于缺乏相关法律规制，政府和微博平台不能有效地约束微博的不法网络行为。目前，由于网络监管力量不足，监管条件不够、监管制度不完善，导致我国对于微博运营商及微博用户都缺乏有效的监管③。有关微博的法律法规不完善，没有明确微博的责任和义务，微博缺乏行业规范，微博评价机制、监督制度、网络问责机制等仍然亟待规范。微博注册信息不够透明，管理措施不够健全，责任主体不明确，缺乏健全的事后追惩和救济制度，诸多问题普遍存在。利用相关法规和条例对微博的规制收效甚微，甚至产生与现实相悖的危险因素。虽然我国已经出台一系列互联网管理法规及其实施细则，但是网络立法尚不完善，网络监管体系不健全。虽然《中华人民共和国计算机信息系统安全保护条例》《互联网文化管理暂行规定》《中国互联网行业自律公约》《互联网新闻信息服务管理规定》等法律法规为规范网民政治参与行为、预防和惩治网络违法犯罪行为提供了法律依据，但是相比网络空间的迅猛发展、微博用户的飞速增长，现行的法律法规仍然显得滞后，导致网络违法行为的监督、约束和处罚都面临种种困境。

① 屈涛：《新媒体在公共行政实践中的运用：以公安微博为例》，《东南传播》2011年第5期。

② 陈文胜：《论微博问政的规制及导引》，《中国特色社会主义研究》2012年第3期。

③ 李威：《微博问政发展的现实困境与解决路径》，《广州广播电视大学学报》2012年第4期。

1. 网络谣言难以根治

微博缺乏专门法律的管制和引导，容易走向极端，变成某些别有用心之人妖言惑众的渠道。微博用户数量巨大，鱼龙混杂，有些人借机在微博上捏造事实，发布虚假信息以达到不可告人的目的。各种名人去世、被抓以及灾难等谣言在微博中更是层出不穷①。例如 2011 年 8 月，英国伦敦等地发生严重的社会骚乱就是一场利用微博“推特”（Twitter）来散布谣言、组织骚乱的有组织、有预谋的行动②。微博的缺陷暴露无遗。

2. 微博安全问题

微博参与社会治理也会影响到网络安全，网络的非安全性与民主的稳定性要求相矛盾。一些西方资本主义国家通过微博的传播特性进行意识形态的输入，西方社会流行的微博服务 Twitter 等就与西方政府有着千丝万缕的联系，它们通过技术优势传输美国政府的意识形态③，煽动他国民众颠覆本国政府，开展颜色革命。乌克兰的“橙色革命”和格鲁吉亚的“玫瑰革命”，缅甸的“藏红花革命”，“阿拉伯之春”等政治动荡都有微博的身影。政务公开的过程也伴随着信息泄密的风险。佛山公安微博直播抓捕行动惹争议就是一个典型的案例④。2011 年 4 月 10 日晚，佛山公安在某俱乐部突击查毒，并进行全程微博直播。4 月 10 日 23 时 54 分，佛山公安刑警支队网络发言人“飞鸿探长”在微博上发了一条消息：“战地快讯！星夜之际，刑警特警联合采取‘旋风’突击行动。探长将直击报道。”该微博一发出，立即引来无数“粉丝”的关注。“探长”发扬“有图有真相”，持续发博。23 时 54 分，刑警突击队集结待发；随后又发表了“星夜奔袭”图。11 日 0 时 23 分，探长发博称：“突击成功，控制好现场。”接下来，

---

① 屈涛：《新媒体在公共行政实践中的运用：以公安微博为例》，《东南传播》2011 年第 5 期。

② 叶楠：《创新社会管理——“微博问政”探析》，《传承》（学术理论版）2012 年第 16 期。

③ 张永汀：《从中东北非国家动荡看新媒体在政权更迭中的作用及其启示》，《齐齐哈尔大学学报》（哲学社会科学版）2011 年第 6 期。

④ 邓遂：《“微博问政”热潮的冷思考——当前政务微博发展存在的问题及对策分析》，《对外传播》2012 年第 2 期。

“探长”每隔几分钟便发一张图片，及时向网友直播抓捕的精彩瞬间[①]。这些图片记录了刑警队从集结出发到最后清理现场的全过程。这可能会导致泄密，打草惊蛇，给犯罪分子以可乘之机。“不只是公安微博，各类政府职能部门在利用微博公开政务信息的同时，都可能存在泄密情况”[②]。

3. 网民的隐私受到伤害

由于缺乏有效的法律规制，微博上的网络暴力和人肉搜索超越了法律的界限，严重地侵犯了个人隐私。微博网络上人肉搜索在经济利益的驱动以及部分公民窥私、猎奇心理的刺激之下，披着声讨社会正义的外衣，超越网络道德和网络文明，践踏了公民的隐私权，体现了公共领域对私人领域的侵占。政府和公众随意在微博上发布一些违法犯罪信息，不但有可能造成有罪推定，伤害未成年人的权益和当事人的肖像权和隐私权等，还有可能在客观上使得犯罪行为更加隐秘，起到适得其反的负面效果。比如在微博打拐中，不法分子为了防止被拐儿童被网友认出，就会对被拐卖儿童进行毁容、摧残、伤害，而这无疑与行动的初衷背道而驰，无助于社会治理的有序开展。

二　法律保障问题

从积极自由的角度来说，微博参与社会治理缺乏法律保障。

除缺乏对微博上违法违规现象的有效规制之外，微博参与社会治理同样缺乏“维护”网民微博参与社会治理权利的保障。微博参与社会治理缺少制度化和规范化的保护，无法明确参与主体的权利，也面临很多障碍，无法保证治理主体进行有效的合作治理。虽然中国颁布实施了《政府信息公开条例》，但是并没有对网上公开最初明确的规定。有些政务微博的政务公开非常有限，陷入形式主义和作秀。网络实名制争论仍在持续，网络实名制的推行也是举步维艰。微博实名后又导致了用户不敢真实地表达自己的想法。如何把握好实名和非实名的平衡，仍然是一大问题。政务公开

---

① 王广永、招阳：《“警匪大片”微博直播》，《广州日报》2011 年 4 月 14 日。

② 邓遂：《“微博问政”热潮的冷思考——当前政务微博发展存在的问题及对策分析》，《对外传播》2012 年第 2 期。

有着合法性风险，使官员有意回避。公众表达无法得到有力保障，动辄得咎，担心打击报复。民间组织如履薄冰，战战兢兢，担心越权。这都是由于微博参与社会治理缺乏法律保障而导致的。正是由于缺乏法律对微博参与社会治理权力的有效保障，导致微博参与社会治理存在合法性缺失的风险。法律没有明确微博参与社会治理的程序和规范，导致了微博参与社会治理的失范和失序。

第十章

微博参与社会治理问题的对策

正如前文所述，微博参与社会治理存在种种问题，影响了微博参与社会治理的效率和效果。如何引导治理主体有序地利用微博参与社会治理，使微博参与社会治理朝着科学化、理性化的方向发展，是不容忽视的问题[①]。微博在社会治理方面的功能没有被充分挖掘，或者被这些问题所掩盖，微博有日益被污名化的危险。在微博这个社会治理的重要工具的新星冉冉升起之际，我们不能让这些问题导致微博骤然陨落。我们应该积极地分析问题背后的原因，寻找应对策略，有针对性地规避这些风险，主动填补缺陷，让微博参与社会治理更加科学有效地持续下去，提升微博参与社会治理的效率和效果。

第一节　政府转变观念和职能

政府是社会治理的主导者，直接决定了社会治理的内容和形式以及其他治理主体参与社会治理的广度和深度[②]。政务微博的形式主义、治理效

① 陈文胜：《论微博问政的规制及导引》，《中国特色社会主义研究》2012 年第 3 期。

② 江作军、刘坤：《论当代中国社会资本的转型》，《江海学刊》2005 年第 5 期。

率低下的原因之一就在于政府的治理理念滞后，未能跟上时代的潮流，没有充分认识微博在社会治理中的重要作用。政府的有效治理以转变执政理念和重新界定政府职能为前提。现代民主政府应该顺应信息和传播技术潮流，主动追踪政治文明的发展进程，适应新媒体的传播特性，积极进行观念和职能转变。政府在治理中的不适与变革表明，面对新时代的挑战，需要对政府角色、政府内部和外部关系及运行机制进行全方位、一体化的思考。在新媒体时代，政府要以开放的胸怀顺应公共治理的发展趋势，应善于凝聚力量、整合优势，将政府的和非政府的资源有效连接起来，协同行动，形成合理有序、协商合作的网状治理结构，实现治理功能放大和资源最大化利用①。

在网络传播时代，新的信息传播工具的发展、政治参与格局的变化、执政生态的变迁都要求政府对执政理念作出相应的调整②。进入微博时代后，信息传播的态势更加复杂，社会治理所面临的问题更加严峻，迫切需要中国执政党和政府的执政理念和思维作出及时的变革。政府应该改变陈旧过时的统治思维，倡导和谐社会、科学发展观、服务型政府等先进的执政理念。在善治理念的要求下，政府必须按照公共治理理念的要求，改变过去“官本位、政府本位、权力本位”的官僚主义思想，树立“民本位、社会本位、权利本位”的服务理念③，从传统的官僚型政府转向服务型政府，为社会提供高质量、高效率的社会服务，维护和实现公众的利益和诉求。

政府顺应现代政治发展潮流，加强政治文明和法治建设，改革全能政府，建立有限政府，实现从大政府、小社会式的巨型政府向强政府、大社会式的服务型政府转变。树立阳光政府理念，增强信息透明度，吸纳公众参与，使传统管制独裁政府转变为让民众知情的透明政府和阳光政府④。政党和政府要有“社会协同”的理念，政府及其官员转变原有的

---

① 麻宝斌：《社会正义与政府治理：在理性与现实之间》，社会科学文献出版社 2012 年版，第 189 页。

② 宫秀川：《我国“微博问政”的规范化发展》，《中共中央党校学报》2012 年第 4 期。

③ 刘晓：《中国行政改革：历史与未来》，《宁夏党校学报》2007 年第 4 期。

④ 杨镪龙、许利平、帅学明：《公共治理多元主体间的正和博弈关系探究》，《理论学习与探索》2009 年第 5 期。

"政府本位、权力本位"管制思想，树立"社会本位、权利本位"的行政意识，以开放的、积极主动的治理精神来促成各社会治理主体之间的相互协作，尊重多元治理主体的地位，谋求社会的协同治理，改变管制型政府单一主体治理理念，形成多元治理主体的协作机制，实现互相联络、互相制约的以政府为主体、其余社会各子系统均发挥积极作用的社会协同。在政企分开的同时，还要做到政事分开、政社分开[①]。党的十六届六中全会明确提出，要建立党委领导、政府负责、社会协同、公众参与的社会管理新格局。党委要把握社会管理的方向，制定宏观战略。政府主导社会管理政策的制定和实施。社会协同和公众参与则是社会管理的依靠力量和有力支持。党委是舵手，政府是主导，社会是重点，公众是基础。在新的社会管理格局中，既要注意避免以党代政、党政不分的现象，也要注意避免政社（事）不分、以政代社的现象。在准确把握不同社会管理主体的角色、功能的基础上，做到有统有分、统分结合，政社互补、合作有序[②]。

在中国，党和政府要加强社会主义政治文明建设，为微博参与社会治理提供宽松、民主、开放、自由的社会政治环境。政府要坚持党的领导、人民当家做主、依法治国的有机统一，发展社会主义民主政治，保障人民知情权、参与权、表达权、监督权，为微博问政、议政奠定坚实的制度基础。中国要建设民主、法治政府，实现依法治国。要建设透明政府，通过公开社会事务治理的程序、内容和结果来维护公众的知情权与监督权，通过以微博为代表的各种新媒体渠道实行电子政务，公布政务真实信息，使公众了解政府动态，促进公众与政府的互动，维护合法利益，提高政府的公信力和权威性。政府要加强回应，建设效能政府，定期地、主动地向公民征询意见、解释政策和回答质疑，推动政府行政管理的民主化进程。党和政府要顺应治理发展趋势，树立现代执政理念，从管理方式向治理方式转变。在治理理念上，政府要从传统的以"权力"为核心的"管理行政"

① 龚维斌：《推进社会管理体制创新的几点认识》，参见唐铁汉、袁曙宏《社会治理创新》，国家行政学院出版社2007年版，第221页。

② 杨军剑：《公众参与社会管理的问题和对策》，《社科纵横》2008年第6期。

转向以“服务”为核心的“服务行政”，构建以新型的“服务和协商”为导向的合作治理关系①。治理的目标从控制转变为服务。在治理结构上，把直接管理的治理结构改变为合作治理，通过互动协商和合作，让成员的意见能够得到充分的表达，发挥治理主体的优势和特长。在治理方式上，从规制到协调转变，从发令到回应，逐渐放松规制，用协调取代结构规制和行为规制，对民众的主张作出迅速的反应，对正在施行中的政策的合法性和有效性进行跟踪，及时作出反馈②。

在社会治理中，政府要充分尊重民意。公共治理是一种合作治理活动，依赖于不同思想、意见和利益诉求的相互交流和撞击，依赖于开放性、自由交流、容忍不同观点的环境，更依赖于相关各方全方位参与管理、决策或者提出合理化建议。在推进社会治理创新中要给予民意以最大限度的尊重，尊重不同的价值观念，倡导不同的行为模式，倾听不同的利益诉求，重视沟通与协调③。政府要创造条件让人民批评政府、监督政府，让权力在阳光下运行，吸纳公众参与，接受公众的监督。政府面对民意抱一种理性的公共舆论精神，让不同的看法在相互碰撞中，逐渐浮现理性或成熟的公共意见。面对来势汹涌的微博舆论，政府既不必大惊小怪、惊诧莫名，也不必夸大其词、危言耸听，更不必以势压人、用权强控。政府通过微博平台，落实双向互动，密切联系公众，准确体察民情，及时汇聚民智④，为我所用。在不违背国家法律、法规和公序良俗的基础上，尊重不同的价值观念，倡导不同的行为模式，倾听不同的利益诉求，重视沟通与协调⑤，积极调动社会各方面的力量，促进社会活力。通过搭建与民众的沟通渠道，对民众进行正确引导，通过良性互动对网民行为进行规范，激励民众积极参与社会治理工作，最终形成高效有力的社会管理创新生态机制。

在微博参与社会治理中，政府职能也要作出相应转变。当前，在党和

① 郑卫荣：《政府治理视角下的公共服务协同治理》，《经营与管理》2010 年第 6 期。
② 张劲松、金太军：《民主行政与民主执政》，《毛泽东邓小平理论研究》2005 年第 7 期。
③ 刘劲青：《公安微博问政与社会管理创新》，《湖南警察学院学报》2011 年第 4 期。
④ 宫秀川：《我国“微博问政”的规范化发展》，《中共中央党校学报》2012 年第 4 期。
⑤ 杨建顺：《行政法视野中的社会管理创新》，2010 年行政法年会。

政府主导的社会治理中，党应该扮演前瞻性领导的角色，政府应该承担四个方面的角色[①]。首先是引导者。在公共治理的治道变革上，党和政府的主导作用是不能取代的。公共治理理念具有一定的“放权”或“去政府化”的趋向，但并不等同于对政府地位的否定。与此相反，政府治理明确强调了政府在协同治理中“元治理者”的地位[②]。政府扮演“建构与协调”“整合与管理”的主导角色。其次是扶助者。政府应该具有包容和分权的意识，不要担心权力的旁落，而应该积极进行权力下放。积极培育多元的社会治理主体也成为现代文明政府的职责。政府应提供法律和政策保障来保护和扶助多元治理主体，准许其参与共同体的公共治理[③]，帮助其参与社会治理和自我自理。政府主动进行权力下放，吸纳非政府组织、营利组织和公民广泛参与公共治理，扶持多元治理主体的发展。政府要培养自身的联盟治理能力，促进政府、企业、非政府组织、公众能力互补、资源交换，发挥公共治理的最大功效。再次是服务者。服务型政府的理念要求把为社会、为公众服务作为政府存在的、运行和发展的基本宗旨，热心地提供治理服务，积极建设公共治理的合作平台，确定治理主体的参与程序，提高参与主体的能力和技巧，为多元治理主体参与社会治理做好各项服务和保障工作。最后是执行者。政府是社会治理决策的主要实施者，应忠实地履行合法的治理政策，运用公众赋予的合法权力，扫除体制的种种障碍，推进社会问题的解决。党和政府积极自觉自主自愿地转变理念和职能，与多元治理主体广泛合作，提高能力、增进信任、合作共赢，主动建立微博参与社会治理的治理体系。

第二节　政府提升微博素养和技能

微博素养直接关系到治理主体参与社会治理的过程和规范，对治理效

① 黄显中：《和谐与共治：何种因缘，如何指引》，《湖湘公共管理研究》（第一卷），2009 年。

② 郑卫荣：《论地方治理范式下的公共服务合作供给网络构建》，《理论导刊》2010 年第 6 期。

③ 黄显中、何音：《迈向公共治理的共和路径》，《中共天津市委党校学报》2010 年第 12 期。

果起到决定性的影响。在微博参与社会治理中，政府良好的微博素养是有效利用微博主导社会治理的基础。微博素养是媒介素养和网络素养的一部分。所谓媒介素养，是指人们面对传媒各种信息时的选择能力、理解能力、质疑能力、评估能力、创造能力和制造能力以及思辨性反应能力[①]。网络素养则是网络传播时代的媒介素养，是指对于网络信息的解读、批判和运用能力，对政府而言是利用网络更好地做好党政工作、为社会发展作出贡献的能力。网络素养是新形势下衡量领导干部能力素质的重要标准之一。微博素养是网络素养的一部分，是指用户有效地利用微博、负责任地使用微博的能力。但是，当前我国各级政府和领导干部对微博信息的辨析能力、应对和承受能力都太弱，使用微博开展社会治理的能力也严重不足，与现代信息社会的要求相去甚远。在信息传播技术快速发展和传播渠道日益多样的今天，提高治理主体的微博素养迫在眉睫。由于政府在社会治理中的主导地位，提升领导干部微博素养，大力培育“微博执政能力”，已经成为党政机关现代化建设和广大干部领导能力建设的重要内容[②]。

一　政府要转变微博观念

我们已经进入微时代，面对无处不在的微博，政府官员不能埋怨、害怕和躲避它，而要积极主动地面对它、了解它、使用它。受根深蒂固的传统官本位文化的影响，有些领导干部还不习惯面对面地同公众讨论问题，他们对微博这种新兴媒体存在着本能的排斥与畏惧心理。由于微博匿名，官员实名，增加了他们对微博的焦虑与畏惧。许多官员担心自己的言行不当引来公众的“围观”和“拍砖”，因此不敢主动开通微博[③]。这证明政府官员思想认识上存在着偏差。官员要改变对微博的“畏惧”心理，积极主动地开设和使用微博。官员要身体力行，直面网民；不能匿名“潜水”、静观其变，更不能视若无睹、掩耳盗铃。党和政府要高度重视微博在完善社会治理体系中的作用，抛弃轻而视之、敬而远之、居高临下的错误观

① 宫秀川：《我国“微博问政”的规范化发展》，《中共中央党校学报》2012 年第 4 期。

② 同上。

③ 陈文胜：《论微博问政的规制及导引》，《中国特色社会主义研究》2012 年第 3 期。

念，坚持以开放的胸怀、开阔的视野、开明的姿态、阳光的心态对待微博舆情[①]，用超前的眼光、创新的思路来利用微博，使微博成为政府了解民意、解决问题的重要阵地。政府要积极参与微博的各种讨论，虚心听取和收集微博民意，为决策寻找依据，用好微博。政府和官员要认识和挖掘微博在社会治理中的重要作用，合理运用微博“舆论场”，有效利用微博资源，管理、引导好“微博参与社会治理”。

二 官员做好微博角色定位

由于政府官员的特殊身份，开设和使用微博更是要注意微博的角色定位。政府官员要适应微博参与社会治理环境。对于进驻“微博”领域的党政机关及其工作人员来说，必须牢记微博是一个无等级平台，做好自我定位，凭借良好的沟通技巧处理好与民互动的各个环节[②]。政府微博和官员个人必须放下官架子，做好自我定位，压抑自身情感，遵守有关政治纪律和组织纪律，以党政机关的对外形象为重，真正做到平等、诚心地与公众沟通。政府官方微博和私人微博要分开。官员的微博直接代表党政机关的形象，即使是官员个人微博，网民也会很容易把其言论与公职身份联系在一起，所以应该慎言、慎行[③]，遵守信息发布管理的规则和流程，避免在机构微博中发布个人观点和看法，严格避免个人随意发布未经证实与许可的信息。领导干部要定位好自己的角色，加强语言培训，将个人和“官”的角色处理好，既要克服因官气太重而导致微博言论多空话和套话，也要防止因急于与网民套近乎，说话偏于油滑[④]，做到分工明确，互惠互利。

三 提升官员的微博素养和微博使用技巧

领导干部要开设微博，更要用好微博优势、规避微博风险。政府官员

---

① 刘国军：《网络舆情发展与地方政府社会治理考量》，《理论研究》2010 年第 3 期。

② 周斌、虞谷民、李怡：《微博问政：政社互动的新模式探析》，《西南石油大学学报》（社会科学版）2012 年第 1 期。

③ 姜胜洪：《我国“微博问政”的发展状况与完善路径》，《中国党政干部论坛》2011 年第 8 期。

④ 文艳：《“微博问政”现状分析及对策研究》，《中国电力教育》2012 年第 15 期。

要学会准确和批判性地评价微博信息，对微博舆情进行全面监测、研判，要巧妙地发布微博信息化解民愤、引导舆情。政府和官员要把微博当成接触民众、纳民意聚民智、扩大自身影响、展示自身形象的有效工具。这就需要各级领导干部在实践中锻炼、在学习中提高微博素养，巧妙利用好微博。微博技巧是微博运作的关键。政府要学习微博的发展历史，了解微博舆情的变化规律，学会使用微博用语，熟悉各种网络符号，不断融入微博环境，注意把握公众心理，熟练掌握沟通技巧。通过换位思考，真正以普通网民的身份与网民进行交流，争取得到网民的尊敬和认可，让政务微博真正深入群众，实现“从群众中来，到群众中去”。政府认真维护政务微博，倾听网民的意见，在主动发布信息的基础上，增加与网民互动。政府要提升政务微博的引导力，既要鼓励民众自由地提议，也要引导民众理智、理性地发言，巧妙转化微博传播中的情绪化现象，把微博负能量转化为正能量。及时发现微博言论中过于偏激的言论和敌对情绪，加强对微博舆论的引导，尤其要利用微博进行对意见领袖和知名公众人物的引导，借助于大 V 的力量推进社会治理。

四　改善微博语言风格

微博博主的草根化、大众化特点对话语表达方式提出了特殊要求，“官话”在这里显得格格不入，“假、大、空”更会徒增笑柄。微博用户的主体是普通公众，他们需要的不是官话、大话、套话，而是实话、真话。因此政务微博要提高语言艺术。在发表言论时不能太过正式，也不能太过随意，要有一定的规范，从文字形式、内容等方面予以规定，既要升华主题，又要接地气。既要克服因官味太浓而致微博言论多空话、套话，也要防止油腔滑调、隔靴搔痒、顾左右而言他，还要避免谩骂、情绪化、偏激的表达。政务微博要转变和摒弃陈旧的话语体系，学会个性化表达、人性化表达，避免出现“雷语”“雷行”，淡化官方色彩，少说甚至不说官话、套话、大话，而讲白话、百姓听得懂的话，在语言上做到大众化、个性化、人文化、形象化，提高沟通质量，加强良性互动，扩大社会影响。政务微博要以普通网民的身份发表意见和看法，积极参与社会问题的讨论，来引导和启发网民思考和判断是非，促进官民和谐。外交部官方微博“外交小灵通”就是一个很好的榜样。

网络环境下可以实现图文声画的多媒体传播，给微博传播提供了更加丰富多彩的传播形态。较之传统的文字宣传形式，官方微博应该利用微博的传播特性，使微博内容更加灵活和丰富，更能引起民众的关注①。在形式上，政府微博要做到较强的可读性，要多用网络语言，多用照片、图片、图表、动画、视频等多媒体内容，表达独特的思想和观点，自然流露真性情，不再高高在上、冰冷生硬，而应该增添几分感性和亲民，拉近官员与普通民众的距离。蔡奇是全国首个拥有百万“粉丝”的省部级官员，创造了微博“蔡式风格”，被网友昵称为“蔡叔”。2011 年 8 月 25 日，诸暨旅游局官方微博“@诸暨市旅游局”发出一则“淘宝体”微博：“亲，还不来诸暨玩？诸暨连日阴雨，很凉爽，五泄瀑布很大哟！”并配发了瀑布图片，让人备感亲切。在互联网时代，官方微博应在不影响政府形象和权威性的前提下，改变以往传统的整篇文章官话、套话的现象，切实提高官方微博信息的生动性，加大信息量以吸引更多的“粉丝”，提升政府微博的影响力和吸引力②。

五　重视微博培训

要让微博参与社会治理短期内出实效，必须加强微博素养培训。在培养对象上，微博培训不仅仅是针对负责微博运作的工作人员，而且是对全体政府官员进行培训。既重视政务微博运营者的技能培训，又重视领导干部的专题培训，使其熟知微博运作的新闻议题、社情民意、舆情动态，进行网络语言、搜索能力、沟通技巧全方位培训，帮助他们利用微博与网民有效沟通和良性互动，提升承受和应对微博信息的“微博治理能力”③。应该通过定期举办政务微博学习班，加强对政务微博维护人员的培训，提高

① 高坤：《官方微博在社会管理中的应用与思考》，《青年记者》2012 年第 18 期。

② 周静静：《政府官员“微博问政”——当前社会管理的新思路》，《哈尔滨学院学报》2012 年第 4 期。

③ 宫秀川：《我国“微博问政”的规范化发展》，《中共中央党校学报》2012 年第 4 期。

微博管理水平。要重点培养一批政务微博新闻发言人，让其熟悉微博的语言习惯和沟通方式，学会有效、亲和地同广大网民沟通互动，来达到信息公开、听取民情、汇集民智的沟通目的[①]。举办微博实用操作培训班，讲授微博发展应用、微博危机公关、微博与媒体关系、微博时代的舆论引导等专业知识，加强学习交流和技能训练，使政府能正确使用、管理、引导微博。在公务员考试和培训中加入微博运营内容，根据微博的最新发展情况和特点，定期开展微博知识和技巧培训，提高政府官员对微博舆情的敏感度，提升与网友沟通的技巧，提高政府官员的微博交流能力，掌握应对和引导微博舆情的技巧和方法，确保政府在应对微博舆情中掌握话语权、占得主动权[②]。

第三节　公民提高素质和微博素养

公民是多元治理主体的重要组成部分。公民素质直接关系到社会治理过程中的公民行为方式。公民素质直接关系到公民参与质量和效率，以及参与的广度和深度。公民的素质和修养直接决定公民能否对事件进行理性分析和判断，并控制自我的情绪和行为，合理合法地表达自身诉求，以更加有序有效的方式参与社会治理决策、实施、监督和评价的过程，使社会治理不断达到新的高度和水平[③]。

公共治理的核心要求组织及成员具备良好的治理意识和治理技能。公民应该不断提高自身的综合素质和素养，培养自己的微博参与意识和能力。只能这样，才能有效地利用微博正确合法地行使自己的权利，参与社会治理。人们在参与社会互动的过程中，如果素质低下，其行为很容易由理性行为转变为非理性行为，如群众骚乱、群体冲突等。在一个

① 金宁锐：《当前微博问政的现状及其问题与对策》，《辽宁医学院学报》（社会科学版）2012 年第 10 期。

② 刘国军：《网络舆情发展与地方政府社会治理考量》，《理论研究》2010 年第 3 期。

③ 于召艳：《公民素质与社会治理的社会学研究》，《法制与社会》2010 年第 17 期。

复杂多变、难以预测的不确定环境，各个治理主体都需要具备基本的公共知识和专业化的知识能力，才能保证微博参与社会治理的有序和有效地开展。提高公民素质就是要培养人的主体意识、权利意识、责任意识、法律意识、公民意识等，从而使社会公众更加主动、理性、合法合理地参与社会治理[①]。

一 提高公民意识

公民的现代公民意识和公共精神是驱动公民主动利用微博参与社会治理的基础。在现代治理理念中，公民既是社会治理的对象，又是治理的主体[②]，公民高度的公民意识和积极的参与合作态度直接决定公民参与社会治理实践的能力和水平。公民意识主要包括公民的主体意识、权利意识、社会责任意识、参与合作意识等。这些意识能够让公民在社会治理中保持理性冷静，为自身行为负责。提升公民意识要摒除传统因素的影响。中国经历了漫长的封建社会。受封建专制思想的影响，民众参与意识被遏制。受小农经济自身的分散性与弱小性影响，人们缺乏共同治理社会的公共精神，加之“中庸之道”“明哲保身”等传统伦理影响，人们更倾向于服从权威[③]，对参与社会治理的主动性和自觉性不高。要培育公民有序理性的参与意识，就必须摒弃公民头脑中传统的臣民意识、顺民意识，强化公民依法参与、理性参与的观念，将权利意识、法律意识与公民资格教育相结合，向公民传授相关的法律知识和政治技能[④]，让绝大多数公民怀着公益精神而非偏见参与社会治理活动。

公民要通过各种渠道主动或被动地提升公民意识。培养权利意识，积极争取、维护、实现自己的权利。培养主体意识，在公共生活中体现高度的政治责任感和积极主动精神。培养参与意识，积极主动地介入公共生活。培养法治意识。公民要学习法律，了解法律，尊重法律，服从

---

① 于召艳：《公民素质与社会治理的社会学研究》，《法制与社会》2010 年第 17 期。

② 江作军、刘坤：《论当代中国社会资本的转型》，《江海学刊》2005 年第 5 期。

③ 于召艳：《公民素质与社会治理的社会学研究》，《法制与社会》2010 年第 17 期。

④ 夏晓丽：《政府善治与公民参与——基于治理的视角》，《济南大学学报》（社会科学版）2008 年第 18 期。

法律，维护法律，充分运用法律手段保护自己的正当权利。要培养理性、平和、正直、包容的社会心态。要提升公共伦理道德。全社会要加强网络诚信与公德教育，形成网络道德公约，强化网民的尊重意识、诚实意识、政治意识、责任意识、自律意识；要提高网民在复杂的信息环境中辨别信息真伪的能力；要引导网民养成良好的网络道德行为习惯，增强网络道德意识，能够自觉约束自己的网络行为①。政府应该通过公民意识的宣传教育，大力宣传法律知识、政治常识、社会政策，拓宽公民的信息渠道②，改变公民消极被动的政治心态，消解传统因素造成的参与冷漠与盲从，提高公民参与热情。要提升责任意识，使公民能真正参与到社会治理。

二　提升专业技能

社会是由各行各业的人组成的，每个人在社会分工中扮演着独特的角色。在社会治理中，政府、民间组织、社会公众各有分工，缺一不可。不同组织和个体公民的专业知识和技能都能帮助社会问题的发现、分析和解决。正是专业知识和技能的互补共济，群策群力，才能促进社会治理决策的科学制定和实施。所以要注重培养和提升公众的专业知识和技能。公民要积极了解民主的规范、程序和规则，以合理合法的方式表达其政治愿望和利益诉求③。公民通过加强专业教育，利用网络获取专业知识，提高专业技能，参与专业实践，在微博中发布专业看法和权威声音，引导微博舆情走向，用自身的专业知识和能力促进特定社会问题的妥善解决。

三　提升微博素养

公民要有效利用微博参与社会治理，要积极接触和使用新媒体，了解

---

① 唐逢九：《公共治理视角下网络群体性事件的应对》，《电子政务》2011 年第 11 期。

② 于召艳：《公民素质与社会治理的社会学研究》，《法制与社会》2010 年第 17 期。

③ 夏晓丽：《政府善治与公民参与——基于治理的视角》，《济南大学学报》（社会科学版）2008 年第 18 期。

微博的性质和特性，在面对复杂的信息时，保持冷静理性的态度，掌握高超熟练的微博技巧。首先，正确解读评判微博信息。微博是无门槛的全开放式言论平台，畅所欲言产生的信息非常庞杂。公民需要提升微博素养，正确解读微博信息，辨识隐藏在庞杂信息背后的现实原貌[①]。提高对微博信息的认知水平，在海量的信息中去粗取精，由表及里地解构、判读、取舍信息，让微博上的信息为我所用，提升自身的综合素质和专业技能，做一个明智灵通的治理主体。其次，巧妙制作和传播信息。在微博上参与事件的讨论和传播时，微博的内容和形式应该具有吸引力，简洁凝练，文图配合。巧妙地表达民意，有策略、有技巧地制作信息，获得更多关注和转发，扩大自身微博的影响力。

四　提升法律意识和道德意识

每个公民和社会组织在微博上的言行都要遵守相应的法律法规和公序良俗。首先，公众要提升法律意识，遵守相关的法律规定。网民要自觉履行《文明上网自律公约》，承担自身微博言行的法律责任。不要人云亦云，更不能带有主观恶意的宣泄情绪、打击报复等不良动机，发表不负责任的言论。应有分辨是非的能力，做一个理性、负责任的网民。不随意传播过激言论，做到积极参与、理智参与、文明参与。出现差错，要及时更正，挽回造成的伤害。如果违反了法律法规，要承担相应的法律责任，自觉接受惩罚。其次，要遵守伦理道德规范和网络交往礼仪。社会的良好治理既需要法律，也需要道德和伦理。微博用户群庞大，构成成分复杂，信息量巨大，法律手段、行政手段和技术手段都很难有效约束网民的言论和行为，出现盲区和“失灵”的可能性大。在网络立法尚不健全的情况下，网民道德的意义凸显。当法律不够健全、传统法律法规受到挑战、约束力减弱的时候，伦理道德规范成为维持网络秩序的重要力量。公民应该自觉将现实生活中的伦理道德规范转移到微博上，自觉遵守法律法规和公序良俗。

---

① 刘海波：《网络参与：民主政治建设的新途径》，《内蒙古农业大学学报》（社会科学版）2010 年第 12 期。

第四节　制度保障

实施社会治理创新，必须在法治的前提和框架下进行。制度保障是微博参与社会治理的核心。制度决定了微博参与社会治理能否走得更远、更久。缺乏有效的制度保障进行监管和规范，微博参与社会治理的效果必将大打折扣，甚至产生与现实相悖的危险因素，不但影响微博参与社会治理的有序开展，甚至会威胁微博自身的存在和发展。微博交叉网络的传播特征为各种不安全、不文明和不规范的行为提供了沃土，严重威胁国家的安全、社会的稳定和人们的生活[①]。由于缺乏有效的制度保障，导致了微博参与社会治理的种种乱象，单纯依靠网络自我治理机制已经远远不够。在微博管理中，柔性道德约束的力量毕竟是有限的。具有国家强制性的法律规范对于微博管理有着决定性的作用。微博言行必须被纳入法律的范围，通过立法来加强对微博行为的法律规范。为微博参与社会治理建立完善和成熟的制度保障成为迫切要求。

对互联网进行治理已成为共识，但是如何治理却争议颇多。2004 年成立的 WGIG（联合国互联网治理工作小组）明确地表达了要对互联网进行治理的精神和目的[②]。美国至今有 130 多项管理互联网的法规。德国、英国也都有对互联网内容监督的法律授权[③]。泛欧组织有网络空间犯罪专家委员会起草的《网络犯罪公约》，对于互联网的法律规范限制仍然在不断作出尝试。当前，我国的网络立法建设远远滞后于网络本身的发展速度，也落后于欧美发达国家的网络立法进程[④]。针对微博这一新兴的自媒体，中国政府必须高度重视网络立法，用法律规范对微博进行管理，在“保障”网民网络信息自由的同时，最大限度地限制不法网络行为。规范微博

---

① 陈文胜：《论微博问政的规制及导引》，《中国特色社会主义研究》2012 年第 3 期。

② 同上。

③ 刘劲青：《公安微博问政与社会管理创新》，《湖南警察学院学报》2011 年第 4 期。

④ 毛媛丽：《微博问政——“微时代”社会管理创新的新机制》，《绥化学院学报》2012 年第 4 期。

参与社会治理的根本渠道是国家立法方面给予干涉，运用国家强制力量来管理，保障微博参与社会治理的合法化、常规化，保障政府、公民、民间组织利用微博主导和参与社会治理的权利，对越权滥权行为进行某种干预、限制或约束，使其走上法治的轨道。政府应该把保障公民网络问政权利纳入宪法，并制定相关的法律法规，设计出具体有效的制度，为微博参与社会治理提供全面科学的制度保障。

一 宪法保障

宪法是国家的根本大法，赋予公民的政治权利和自由，宪法上的很多规定都可以被援引为微博参与社会治理的依据。微博参与社会治理及其面对的困境反映了互联网时代宪法对网民权利的规范和保障不足。在宪法保障方面，网络参与权还没有作为独立的基本权利条款被纳入宪法之中①，只有通过宪法才能从根本上保障网民的民意表达和政治参与权利。在缺少宪法规范的情况下，微博参与社会治理不能被笼统地视为言论出版自由，却依然面对着具体化不足、保护不力和救济不畅通的难题。我国《宪法》第 41 条所说的公民对国家机关和工作人员的批评、建议和检举权属于典型的参与社会治理的权利。

应该在宪法层面对网络表达和参与的权利作出单独和明确的规定，直接保障多元治理微博参与社会治理的权利和义务，并提供立法依据。宪法应该根据社会现实的变化作出与时俱进的修改和完善。在网络传播时代应该将保障公民网络参与社会治理权利纳入宪法，明确保障治理主体利用微博等新媒体和互联网参与社会治理的权利，为微博参与社会治理提供根本的法律保障。

二 完善专门法

除宪法之外，微博参与社会治理需要相关法律法规的直接保护与规制。在科技迅猛发展的今天，公民的网络参与权利的保护稍显不足。目

① 李少文、秦前红：《论微博问政的规范化》，《河南社会科学》2011 年第 4 期。

前，我国的网络立法刚刚起步，法律制度的漏洞和监管的缺位导致网络参与的各种乱象，加强微博的相关立法和制度规范建设已是一个紧迫问题①。在宪法之外，应该制定相关的法律法规，为公民参与社会治理提供法律保障，确认公民与各类社会组织参与治理的主体地位，赋予公民和其他社会组织参与社会治理的权力，清晰界定治理主体的权力与责任，明确其参与社会治理的权利与义务，建立有效的监督和制约，促进多元治理主体依法、高效、有序参与。党和政府要抓紧推进立法和政策引导，注重研究互联网的内在规律和规则，认真研究和充分利用法律手段，依法保证微博参与社会治理健康有序发展。政府主管部门应制定相应的法律法规对微博用户进行“他律”，出台符合微博参与社会治理实际的法律法规，保障治理主体通过微博参与社会治理的权利，让治理主体的利益得到及时的体现和满足，健全网络参与的法律监管体系，对违法行为进行约束。面对现实中的问题，在保障法律科学性、统一性的前提下，积极借鉴国外网络规制的宝贵经验，加快微博参与社会治理立法，制定规范微博参与社会治理的管理条例，规范参与秩序，将公民的参与权利细致化，促使微博参与社会治理的健康良性发展。

微博参与社会治理的立法应该遵循一些基本原则：第一，激励与监管并行。既要保障网络平台和网络用户的合法权益，也要规定其责任和义务，以便进行有效监管，但对微博用户要多一些鼓励和宽容。即使用户发布了不当言论，若无违法，能够及时修改，消除不良影响，不应因言获罚、因言获罪。否则会严重影响微博用户参与社会治理的热情。第二，可操作性。对网络中违法行为依据罪责轻重，制定统一的界定标准，明确各群体的责任与义务，做到有法可依。第三，与时俱进。网络传播时代，微博等新媒体更新换代迅速，完善相关的法律基础要以现实发展状况为基础，及时面向现实中的问题进行与时俱进的修改和补充，以适应不断变化的现实情况。

三　建立长效机制

由于微博参与社会治理缺乏长效机制，导致了微博参与社会治理的形

① 陈文胜：《论微博问政的规制及导引》，《中国特色社会主义研究》2012 年第 3 期。

式主义，严重影响了微博参与社会治理的效果。所以有必要建立微博参与社会治理的长效机制，保障微博参与社会治理的常态化和机制化。政府要把管理微博参与社会治理当成一项日常工作，保障微博参与社会治理平台的公开化、常态化。政府应该成立专门的微博运作机构，配备管理和运作微博的专业人员，明确政务微博的功能定位，建立微博参与社会治理的保障、奖惩、考核等一系列机制。

首先，建立微博人才队伍。在信息时代，人才是关键。微博参与社会治理要加强微博运营队伍建设。各级政府部门应当成立以党委领导、政府负责、宣传（新闻）中心具体执行的微博维护机构[①]，建立一支专职负责微博运营的团队，培养一支政治素养高、业务精通、文字功底好、社会责任感强、网络知识丰富、网络炒作熟练的复合型人才队伍。还需要借助于信息管理和数据挖掘的专业技术人员来监测微博动态，及时全面地进行信息收集、趋势分析及后果研判，从而把握微博舆论引导的主动权[②]；发掘和联系一批有一定政治鉴别力、文字表达能力较强、看待问题比较深刻的微博用户，组建成一支网络宣传队伍；加强技术型人才培养，使其在微博科学管理、微博安全防护、微博犯罪追查等方面发挥重要作用。

其次，强化政务微博的日常管理。建立和健全微博工作制度，对微博管理者、微博写作者、信息来源、信息内容制作、信息发布时间、信息发布形式等作出明确规定，做到有章可循。在微博中统一发布信息，以避免信息混乱、前后观点矛盾，影响政府的公信力。以制度化的形式强化日常管理，制定考评体系，明确规定如何发布信息、发布哪些信息、如何答复网民提问、如何引导舆论发展[③]。建立公开答复制、首问负责制、限期办结制以及责任追究制等制度，保障微博的互动和实效；要规范微博信息发布管理的规则和流程，严禁随意发布未经证实与许可的信息。公安、司法

---

① 李威：《微博问政发展的现实困境与解决路径》，《广州广播电视大学学报》2012 年第 4 期。

② 刘劲青：《公安微博问政与社会管理创新》，《湖南警察学院学报》2011 年第 4 期。

③ 金宁锐：《当前微博问政的现状及其问题与对策》，《辽宁医学院学报》（社会科学版）2012 年第 10 期。

等部门的微博必须加强对涉密信息的保护[①]。以“平安北京”为例。“平安北京”严格要求做到以下几个方面：详细而全面地向公众说明本微博的职能范围所在，规划一个较为清晰的问政界限；给出微博回应的基本时间安排，如最长回应期限为3天等，以缓解公众的焦虑情绪；对于有代表性的共性问题，定期以独立微博的形式发布，而不是碎片式地被淹没在其他微博信息中[②]。

最后，建立政务微博的监督管理、考核、评估机制。动力源于压力。推动政府官员积极运用微博的重要方式就是将微博运作纳入政绩考核体系，建立微博参与社会治理的跟踪考核机制。政府要定期对政务微博的信息发布、舆论引导、社会管理等履职情况进行监督管理，同时建立评估机制，对政务微博的社会效果、公众反映等进行反馈，针对政务微博存在的问题，进行调整和改善[③]。吸收网友代表参与考评政务微博的运行情况，在政府官员与民众互动的过程中，让网民监督微博参与社会治理的理念得以落实和体现。在考核中强化奖惩并举的微博参与社会治理制度。一方面加大奖励力度，对产生重大社会良性影响的微博进行奖励；另一方面对于利用微博发布虚假信息危害公众和社会违法谋取私利的行为，加大处罚和打击力度。

在微博参与社会治理实践中，政务微博应该践行微博的实名认证制度，增强权威性和影响力。政府和微博平台鼓励社会公众的微博实行实名制度，形成理性的、真诚的、负责的微博参与社会治理氛围。

第五节　平台建设

微博平台是微博参与社会治理的载体，其基础设计得好坏，运作是否科

---

① 毛媛丽：《微博问政——“微时代”社会管理创新的新机制》，《绥化学院学报》2012年第4期。

② 詹骞：《公共治理视野下的政务微博——以“平安北京”龙年春节期间的微博为例》，《当代传播》2012年第5期。

③ 罗佳妮：《我国微博问政的发展现状及对策建议》，《中国传媒科技》2012年第22期。

学，功能是否实用，使用是否方便，规制是否有力，都会影响微博参与社会治理的效果。微博平台作为社会组织，也有责任建设好平台，为微博参与社会治理奠定基础。理想的微博平台应该是不偏不倚、客观公正、不做恶的。这就要求微博不受制于任何力量，无论是政治的、经济的，还是社会的，内部的还是外部的①。微博平台的目标应该是：凡是值得公众倾听的思想观点都让公众倾听②。在自媒体时代，微博平台自己生产的内容少之又少，绝大部分是用户生产的内容。在内容为王、观点为王的时代里，没有内容的微博平台没有价值。微博作为一个中立平台，为所有的思想观念的交锋提供舞台，应该为用户创造越来越好的使用体验，增强平台的吸引力和影响力，为微博参与社会治理添砖加瓦。

一　加强微博平台的技术革新

微博平台要进行充分的市场调研，了解受众的使用需求和习惯，在保障平台一致性和总体风格的前提下，积极进行更新，提升用户体验，创造更加方便快捷有效的信息传播方式，提升信息传播效果；同时要研发技术过滤措施，对微博用户的网络信息进行有效监管，对有害信息和违法信息进行过滤，限制微博信息传播自由的滥用。可以采取技术手段，如数据加密技术、存取控制技术、安全性检测技术、有效性检测技术、协议还原技术、防火墙技术等，监测和干预网络舆情，对微博言论中包含的不良和非法内容进行封锁过滤和监控③。微博要辅助政府建立舆情监测体制及微博危机事件应急机制。伴随着微博用户爆炸式的增长，微博出现一些负面信息，虚假恶搞信息增多，草根传播的隐形推销、买卖粉丝、网络水军凸起等严重威胁社会的稳定和安全。微博平台应该主动研发，更新和完善“舆情分析技术”，同时组织有关部门研究制订重大微博事件应急预案，积极构建微博事件的应急响应机制④。与政府部门积极配合监控舆情动态，辅

① 新闻自由委员会：《一个自由而负责的新闻界》，中国人民大学出版社2004年版，第75页。
② 同上书，第76页。
③ 陈文胜：《论微博问政的规制及导引》，《中国特色社会主义研究》2012年第3期。
④ 庞宇：《微博管理的问题与对策研究》，《行政管理改革》2012年第3期。

助社会治理的有序开展。微博平台还要建立平台与用户的互动机制，听取用户的心声，了解用户的需求，更新和完善服务内容和形式，给用户带来更加丰富多样的使用体验。比如新浪就专门成立了“政务微博学院”，并在微博上定期发布“舆情日报”，对近期的舆情进行汇总，供有关部门和公众参考。

二 加强微博管理，规范微博行为

微博平台要充分听取政府、专家和网民的意见，制定微博管理的相关条例，既保障微博用户的自由表达、转发和评论的权利，又限制和约束不法行为，防止微博行为的越轨和失范，维护微博社区秩序，更好地保障微博用户的合法权益。制定正式与非正式制度化的微博行为准则。推进管理规范创新，通过举报机制、评议团制度，屏蔽最终审核结果为过激、恶意及不实的言论，将屡教不改者列入“黑名单”，清扫微博言论垃圾，净化微博参与社会治理环境。如新浪微博依据并贯彻《全国人民代表大会常务委员会关于加强网络信息保护的决定》的文件精神，与用户共同制定《微博社区公约（试行）》，强调制作、复制、发布、传播信息时，应当遵守信息发布的规范流程，不给违法有害信息提供传播渠道①。微博平台应该根据信息技术条件和社会环境的不断变换，对这些规则和条例进行与时俱进的修改和完善。

微博平台是微博服务的提供者，要为广大用户负责，有责任和义务对微博内容进行一定程度的把关，既保护微博言论自由，又限制不良行为和内容。各大微博平台应该设立专业的“微博监察员”，对微博内容进行监管，屏蔽虚假、不准确、低俗、涉黄、涉赌以及政治敏感问题等可能造成恶劣社会影响的非法信息，并对微博用户进行警告和处理。微博平台应当对微博舆情进行监测管理，借用技术手段，及时预警、跟踪热点事件和热门话题，与有关部门建立联动机制，及时地通知相关部门，将可能造成负面影响的微博内容和行为控制在萌芽之中。微博平台应该加强舆情引导。

---

① 李威：《微博问政发展的现实困境与解决路径》，《广州广播电视大学学报》2012 年第 4 期。

面对微博上巨大的信息流和民意浪潮，微博平台应该借助于自身信息灵通和技术优势，通过权威信息渠道发布权威的信息，以正视听，与监管部门、广大用户共同营造一个和谐有序的微博环境。

三 有计划、分阶段地逐步推行网络实名制

微博的匿名性和虚拟性为表达民意、批评监督等提供了许多便利，但也导致了网络谣言和网络水军的泛滥，为此，韩国推行了网络实名制，以此打造安全健康的网络环境。在国内，北京、广州、深圳陆续出台规定，要求组织和个人在注册微博时，使用真实身份信息，这种“后台实名、前台自愿”的操作方式有利于净化微博言论，打击不负责任的网络谣言①。微博平台应该鼓励实名制，加强推动实名认证工作，严格实名证据的审核，配套盗名微博的惩处措施。鼓励个人和团体组织在注册微博客账号采取实名制，共同创建一个诚信健康文明的网络环境。短期可以实现“后台实名，前台匿名”，未来可以全面推行实名制。前台匿名可以保护微博用户的隐私，让微博用户表达最真实的民意。后台实名可以督促微博用户负责地发布言论，约束和减少微博“水军”“僵尸粉”。相信通过实名制，微博的环境将得到净化。

四 微博平台加强自律

网络平台是重要的网络行为主体，要遵守互联网行业的游戏规则，遵守相关法律法规和伦理道德规范，约束自身行为，提高微博平台从业人员的政治意识、大局意识、责任意识和业务素养，恪守业界伦理守则，坚持文明办网、文明运营，始终把国家利益放在首位，依法促进和保障微博的健康发展。微博平台要保持独立客观公正。微博平台要保障所有用户的表达自由，就要求做到独立客观公正，坚持自己的品格，不受外在力量的约束。在处理微博纠纷中，做到客观公正，以确实的证据和事实为依据，抛弃主观的判断和倾向。平台要谨慎对待用户举报，只有慎重确定为非法、

① 陈文胜：《论微博问政的规制及导引》，《中国特色社会主义研究》2012 年第 3 期。

攻击、威胁、中伤、诽谤、猥亵或其他敏感的，或者违反任何第三方知识产权或这些使用条款的，才能删除其内容和账户。而对违法和违规行为，可以进行公开、合适的惩罚。微博平台应该督促用户为其账户下的任何行为和数据负责，任何人不能例外，不对任何人有所偏袒。

微博平台之间应该自由竞争。自由竞争远胜于垄断，微博平台之间竞争可以为用户提供更好的服务。反垄断法就是为了维持市场竞争，保证为消费者提供服务，使用户受益。微博平台不一定要一支独大，而应该通过自由发展和自由竞争，增加用户的选择性，让用户自由表达多元、丰富和高质量的信息，开展生气勃勃的公共讨论。微博平台通过技术创新，提升用户体验，开展避免相互攻击的正面竞争，通过竞争推动整个行业的发展。

五　微博平台维护用户权益

微博平台的用户群是微博生存和发展的基础。微博平台要为用户提供良好的服务，也要维护用户的权益。首先，微博作为自媒体平台，要维护用户表达的自由。微博平台要在法治框架内保障用户的表达自由，除极少数情况，如过滤极少的脏话之外，不能对任何内容进行把关。微博平台不能限制任何合法的表达，不能进行事先审查，不能通过过滤内容和删除账号等方式限制和剥夺微博表达权，而应该为维护表达自由和意见多元提供各种便利。正如约翰·密尔所说，人类理性的实现与推进就在于个人独立思考、充分讨论、去伪存真，在这个过程中要允许人犯错误，要在讨论和劝服中，给真理让道[①]。其次，微博平台有责任保障用户表达权利之外的其他权利。微博平台要遵守所有相关的版权法，保障知识产权不被占用和非法使用。不能给用户发送垃圾邮件，随时检讨所有被认定侵权的要求，删除任何被认定违反相关法律的内容。为用户提供人性化服务安全，保障用户信息和内容不被非法使用。督促自己和用户绝不能滥用、骚扰、恐吓、假冒和威胁其他用户。禁止任何非法和未经授权的行为，遵守所有当

① 黄建新：《传媒：自由与责任》，上海交通大学出版社 2010 年版，第 29 页。

地有关在线行为和允许内容的法律。不能传播任何蠕虫、病毒和任何具有破坏性的代码。微博平台要保障用户知情权，任何关于平台的重大变化都要通过谨慎决策，并本着真实可信的原则，及时让用户知晓，以便用户作出决定。在实名制问题上，微博平台应该坚持自愿原则，保障用户匿名的权利，探讨有序推进实名制的路线和方式。

第十一章

微博参与社会治理的基本原则

公共治理视域下的微博参与社会治理最终的目标是实现善治，而善治的基本特征和重要原则是公开、透明、对话、参与、互动、正当和合法等，这也是微博参与社会治理的基本原则。治理主体在利用微博参与社会治理的过程中，要做到积极主动、分工协作、公开透明、理性公正。

第一节　积极主动

公共治理下的微博参与社会治理离不开各个治理主体的积极参与。在社会问题的发现、解决和治理过程中，多元治理主体积极主动地参与社会事务，贡献自己的力量，维护和增加公共利益，这是社会成员应当行使的权利和必须尽到的义务。对政府部门而言，治理就是从统治到掌舵的变化；对公民社会而言，治理就是从被动排斥到主动参与的变化①。网络时代加快了讯息传输的速度和广度，稍不留意就会错失良机，社会问题由于微博的裂变式传播影响深远。这就要求治理主体积极主动地利用微博参与社会治理。政府要主动全面开放社会问题的治理边界，吸引治理主体共同

① 聂平平：《治理理论的语义阐释及其话语分析》，《江西社会科学》2004 年第 7 期。

参与，积极开展政务公开以听取民意，并监视和引导微博舆情。公众、民间组织和企事业单位要有最主动的、最自觉的参与精神，从被动回应转向主动参与，主动承担责任、广泛参与，积极就社会问题献计献策，占据社会治理的主动权。“观点的自由市场”理论认为，真理和谬误都有权利出现在自由市场上，并自由竞争。在真理和谬论同时存在于意见的自由市场时，谁能主动出击，谁胜算就会更大。真理和谬误的对抗最终还是要靠人的主动出击来决胜。所以，每个社会成员都要有意识地探求真相和破除谣言。治理主体要充分利用便捷的网络传播技术和微博平台。从政府的角度来说，政府面对社会问题时，不能回避，面对微博上汹涌的民意，应该主动出击，对网络情绪应该积极引导，对微博民意应该积极收集。不管官方微博还是官员微博，应多刊发一些能够引起民众兴趣、互动性强的话题，多播发第一手新闻信息，多涉及老百姓生活中最关心的问题，耐心听取民意，及时回复相关问题[①]。对社会组织而言，要充分利用自身优势，在微博上及时发出权威的声音，澄清误会，引导公众，搭建政府和公众之间的信息沟通桥梁。对社会公众而言，要积极利用微博接收信息，获知真相，提升素质，发现问题，提供信息，表达民意，通过微博发出自己的声音，提供自己的见解，贡献自己的对策。在社会问题出现的时候，多元治理主体要从不同角度和立场作出及时而负责的反应。越是及时主动，就越能够掌握社会治理的主动权，实现社会问题的有效治理。及时回应也是善治的基本原则。微博信息传播的快捷及时正好能够满足善治的回应要求。微博的传播特性也正是治理主体需要加以利用满足回应的要求。微博交叉网络传播的特性决定了微博具有巨大的影响力，稍有疑虑就会错失良机。治理主体要保证真实理性的前提下，迅速及时地发布信息，第一时间参与社会治理。在积极主动方面，中国官方也做了一些制度性的保障工作。2011 年 6 月 26 日，南京出台了《关于进一步加强政务微博建设的意见》，其中明确规定，对于灾害性、突发性事件，要在事件发生后的 1 小时内或获得信息的第一时间，进行微博发布[②]。这也是政府积极主动地利用微博参与社

① 马文博：《微博问政分析》，《青年记者》2012 年第 5 期。

② 姜胜洪：《和谐社会构建中私营企业主阶层舆情问题研究》，《广西社会科学》2008 年第 3 期。

会治理的明证。

第二节　分工协作

自愿的合作可以创造出个人无法创造的价值，可以发挥整体大于各部分之和的功效。社会的进步和个体成员的发展也有赖于人们之间的分工与协作。处于一个共同体中，只有通过分工协作才能使个体意愿得到最大程度的实现；同时，分工协作又使他们的共同体结构达到最优状态①。公共治理是一种多元的、民主的、合作的治理模式，它强调政府、企业和社会公民在相互依存的环境中分享治理权力，共同治理社会事务②。现代社会日趋多元，多元治理主体都有各自的利益，必然会导致冲突。在社会治理中，就要做好分工和协作，扬长避短，做好本职工作，形成政府、非政府组织、企业、个人等多元治理主体分工协作的多中心治理结构，实现公共利益最大化。

合作是善治的基本特征，合作性要求政府与其他多元治理主体密切合作，各司其职、各尽其能，组成多元合作的多中心治理模式，共同应对和处理社会问题。善治是一种多元合作的治理模式。治理主体要做好分工协作，协同合作完成社会问题的发现、分析和治理。政府部门要从统治转向掌舵，善于放权和减负；社会组织和公众要准确定位，具有公共精神，关注公共事务，维护公共利益。党政机关、社会精英、现代媒体、社会组织、民众利用微博进行信息共享、共同参与和联合行动，调和冲突和利益，发挥各自的独特优势和特长，体现自身价值和作用，组成和谐有序高效的治理网络③，建立多元共治的治理体制与机制。这也是和谐社会的题中应有之义。

---

① 张康之：《论社会治理中的协作与合作》，《社会科学研究》2008年第1期。

② 周汝永：《民族地区公共治理研究》，博士学位论文，中央民族大学，2006年。

③ 田培杰：《协同治理：理论研究框架与分析模型》，博士学位论文，上海交通大学，2013年。

在传统治理中，由于缺乏应有的沟通和适当的参与渠道，其他治理主体不能真正有效地参与社会治理。长期以来，各个治理主体之间一直缺乏一个高效便捷的沟通和合作平台，导致了合作治理收效甚微。微博诞生后，为多元治理主体之间的分工协作提供了一个绝佳的平台。公共治理视域下的微博参与社会治理是政府、民间组织、社会公众等多元治理主体之间借助于微博互惠合作的治理过程①。分工协作是微博参与社会治理的基本特征。微博的自由、互动、即时、开放等特性为政府之外的其他治理主体提供了参与社会治理的工具，使政府之外的企事业单位、民间组织、公众真正成为治理主体。公共治理视域下的微博参与社会治理是政府与公民社会的正和博弈，而不是传统社会“一山不容二虎”的零和博弈。在微博参与社会治理中，各利益主体相互作用和相互影响，多元治理主体利用微博实现信息共享和主动协同。各治理主体运用微博打破组织界限以及时空障碍，以实现知识与信息的传递与共享，进而形成一个彼此依赖、共享权力、动态的自组织网络系统，构建起公民个体、社会组织、政府部门与国家一体化，点、线、面相结合的动态性、柔性化的互动合作②。以微博为纽带，所有利益相关者如政党、政府、企业、事业单位、民间组织、社会公众等治理主体通过微博建立合作关系，进行广泛、深入的协商和沟通，实现单一中心治理向多元参与治理的路径转换。在微博参与社会治理中，政府与社会组织、公众之间利用微博平台，互动合作，达成相互制约、相互促进、合作协调的正和博弈关系，改变传统社会治理模式中的管理与被管理、控制与被控制的关系，实现政府、非政府组织、企业、公民个人之间的相互协作关系。在微博参与社会治理的过程中，政府利用微博主导社会治理，监测舆情，了解社会动态，利用微博开展政务公开，发布信息，听取民意，问计于民，汇聚民智，凝聚民力，并主动接受网民监督，积极引导社会舆论，推进决策科学化民主化，开展社会动员，提升社会管理效率。社会公众利用微博平台进行信息发布、民意表达、投诉举报、问题咨询、建言献策、讨论争论，可以为政府部门倾听

① 丁宇：《论善治的基本诉求》，《江汉论坛》2009 年第 10 期。

② 康伟：《我国公共危机协同治理的路径选择》，《学习与探索》2009 年第 4 期。

民声、答疑解惑、处理问题提供决策参考，促进政府决策的科学化民主化。民间组织利用微博发布权威消息，缓和社会矛盾，联系政府和公众，做好上情下达和下情上达。这些治理主体之间各有侧重，做好分工协作，实现对社会问题的多中心合作和协同治理，发挥多元治理主体的潜能。在微博公益中，社会精英在微博上发起，媒体迅速跟进报道和转发，政府提供相关的政策支持，企业提供资金赞助，民间组织志愿执行，公众转发并捐款捐物，有效地解决了社会问题，帮助了弱势群体，达到了社会治理的效果。

在微博参与社会治理的分工合作中，信任和宽容是基本特征。在微博参与社会治理中，治理主体基于互相尊重和信任，保留不同意见，求同存异。治理主体都具有公共精神，具有关心和促进公共利益的意识和行为，秉持政治平等、互惠与合作的横向关系。在信任和宽容的基础上，要充分尊重其他治理主体的微博内容，保障其他人的微博言论自由，宽容他人的无心之失，容许他人犯错误，在平等、尊重、信任、友善的环境中共同治理社会问题。

第三节　公开透明

公开透明是善治的基本原则。透明性指的是政治信息的公开性。透明程度越高，善治的程度就越高。透明性要求政府及时通过各种传媒将各类政治信息告知公众，以便他们能够有效地参与公共决策，并对公共管理过程实施有效的监督。离开了透明性，善治便无从谈起[①]。从公民的角度来说，每一个公民都有权获得与自己的利益相关的政府政策的信息，包括立法活动、政策制定、法律条款、政策实施、行政预算、公共开支以及其他有关的政治信息。治理过程的公开和透明有利于扩大公共参与，促进公民社会发育，提高公共权力运作的透明度，实现政府管理的公正性，重塑政

① 李建兴：《善治：和谐社会的构建之道》，《南华大学学报》（社会科学版）2005 年第 5 期。

府权威的合法性。因此，治理过程的公开和透明程度愈高，善治的程度也就愈高[①]。

透明性也是微博参与社会治理的基本特征。在微博参与社会治理的过程中，政府将治理决策制定过程、治理实施方案、治理过程和结果及时在微博上公示，让公民通过微博能够获得相关信息，以便有效地参与公共讨论和决策，并对政策制定过程实现有效的监督，保障决策制定和实施的科学与民主。政府要利用微博保障政务公开，保障社会治理的公开透明，满足公众的知情权，坦然承认和认真改进治理中的缺失，让公民参与决策和监督决策的整个过程。社会组织和公众也不能隐瞒消息来源，要保障信息的权威可信，严格要求自己，共同构建公开透明的社会治理环境。在微博参与社会治理的过程中，治理主体都要有公开透明的理念，政府要及时利用微博做好政务公开，发挥微博的优势，公布行政立法活动、政策制定、政策实施、行政预算、公共开支以及其他有关的政治信息，以便让每一个公民都有权获得与自己的利益相关的政府政策信息[②]。民间组织要利用微博将自身的工作实践及时发布出来。这种公开透明既有助于获取财力物力资助，吸引广大公众参与，还可以树立自身形象，培育和壮大自己，推进自身的工作。公民要利用微博将自己的观点和意见公开表达出来，不藏着掖着，本着坦诚的态度，指出社会问题以及社会治理中存在的弊端，供有关部门参考。治理主体应该本着公开透明的原则，在微博上进行坦诚公开的协商和交流，通过互惠合作，共同应对社会问题，实现良好的社会治理。

一个理性的网络公共领域，从来都不是一蹴而就的，要让微博成为表达乃至解决公共问题的场所，还得经历从形成到发展再到完善的一个长期过程。微博的对话保持开放和平等、鼓励对话和慎议、营造归属与融合。开放意味着谁都能参与，谁都能发言，谁都能表决，不能仅凭一个人的财富大小、地位高低、性别、信仰差异等来限制或约束其表达权利。多元治理主体应该在微博上就某一项议题进行公开公正的讨论、交流，在达成共

① 丁宇：《论善治的基本诉求》，《江汉论坛》2009 年第 10 期。

② 同上。

识的基础上，最后得出意见结论和行动方案①。通过公开透明的讨论和行动，实现社会问题的良好治理。

第四节 真实理性

真实是传播的基本的伦理。在微博参与社会治理的过程中，真实也是一条基本原则。微博在蓬勃发展的同时，不可避免地存在一些异化。微博由于门槛较低、自由度较高、信息发布便捷，带有一定的情绪化和非理性行为，带来信息雷同、信息冗余、虚假信息、随意转发等问题，扭曲或掩盖了真实的信息，降低了信息的质量和微博的价值，导致了微博群体极化现象，从众心理明显。部分用户甚至利用微博发布虚假、欺诈信息，蓄意散布危险言论，制造紧张的政治氛围，影响了社会治理秩序。治理多元主体应该清晰明确权力与责任，在参与实践中保持理性，做到微博言论的有理有据，借助于微博依法、高效、有序地参与社会治理，有关部门可以建立奖惩并举的微博参与社会治理制度，规范微博的理性行为。

微博内容的真实性是基本原则。政府的微博实践应该坚持求真务实理念。“微博问政”要从实际情况出发。这一方面要求“微博问政”实践不能助长人们常批评的“虚热”之势，即不是单纯地赶时髦、简单地追求点击率与关注度等虚名；另一方面则要求“微博问政”切实地问起政来，而不是被私人事务甚至娱乐事务等不关联的杂事所主导②。从公民的角度来说，要做到理性和负责。公民对微博的海量信息要有基本的辨别力和判断力，不人云亦云，不盲目跟风。在微博参与社会治理的过程中，多元治理主体的微博讨论应该秉持建设性的态度，平心静气、协商辩论、对话沟通、理性说服、宽容妥协，不能随意宣泄情绪，恶意攻击谩骂。在微博语言风格上，要客观冷静，尽量不要带有偏见和感情色彩。要就事论事，摆

---

① 杨吉、张解放：《在线革命，网络空间的权利表达与正义实现》，清华大学出版社 2013 年版。

② 杨守涛：《“微博问政”出实效的理念前提与制度基础》，《领导科学》2011 年第 36 期。

事实，讲道理，符合逻辑，论证过程应该是理性、中立、客观的，避免过多的主观情绪和个人经历掺杂其中。

第五节 权威公正

公正是善治的基本要求，指的是不同性别、阶层、种族、文化程度、宗教和政治信仰的公民在政治、经济权利上的平等①。在微博参与社会治理的过程中，多元治理主体同样要坚持权威公正的原则，不带任何偏见，避免主观偏颇。社会治理过程的公正性也就意味着社会治理要遵循一定的规范，多元治理主体之间按民主的精神享有积极主张和自由表达治理意见和建议的权利，并拥有适当的渠道平台表达和反映出来②。

微博碎片化传播对权威性、准确性的消解，严重伤害了微博的价值。微博碎片化的传播随意性较强，微博的字数限制容易导致意义缺失或不确定性，造成歧义。这与政府机构信息公开的权威、准确的要求存在一定的矛盾。各个治理主体在微博治理实践中要做到权威、客观、公正，坚持自己的品格，不被外在力量约束，以确实的证据和事实为依据，抛弃主观的判断和倾向，不对任何人有所偏袒，给予矛盾双方平等的话语权，做到权威公正。微博参与社会治理要彰显公平正义。政府要尊重并平等对待每一名微博用户的微博言论，为我所用。民间组织要避免受众政府和利益团体的束缚，要从专业立场出发，在微博上发出权威公正的声音，正确引导社会，为解决社会问题，促进社会治理提出权威的对策和建议。微博参与社会治理要强化多元治理主体的话语及其言说的理性因素，鼓励社会主体在话语言说中的反省思考与批判意识③，做到权威公正。

---

① 俞可平：《增量政治改革与社会主义政治文明建设》，《公共管理学报》2004 年第 1 期。

② 孙晓莉：《公正：社会治理的重要维度》，《中共云南省委党校学报》2005 年第 4 期。

③ 杨吉、张解放：《在线革命，网络空间的权利表达与正义实现》，清华大学出版社 2013 年版，第 159 页。

第六节　合法守德

合法是善治的基本要求和基本原则。合法性反映的是社会公众对某种政治状态如社会秩序和权威的自觉认同[①]。合法性越大，善治的程度便越高。治理必须体现法治理念，推崇法律至上。如果离开了法律的规范和指导，治理就会无章可循[②]，其结局就是专制和无政府主义，导致社会的混乱和无序。良好的治理需要制度的保障，其核心是法治。没有健全的法制，没有对法律的充分尊重，就没有良好的社会治理。社会治理中的法治原则就是依法办事，即把法律作为社会治理的最高准则，任何社会组织和社会成员都必须严格遵守法律，依法行事。法律面前人人平等，任何人都没有超越法律的特权[③]。

在微博参与社会治理的过程中，多元治理主体必须遵守相关的法律法规。微博虽然是自由之地，但并不是法外之地。微博言论如果触犯了国家法律，也应当承担相应的法律责任。政府的政务公开必须在法律的规范下进行，不是随心所欲地公开，不能泄露国家机密，也不能侵犯个人隐私。其他治理主体同样要尊重法律规范，民间组织要在法律规范的范围内进行活动，公众要遵守相关的法律法规。在法治之外，微博参与社会治理要遵守伦理道德和公序良俗。公民要培养理性和自治意识，增强民主政治意识和国家观念，理性地进行微博政治参与，自觉营造一个文明、和谐、健康的政治微博参与环境。合法守德的原则也决定了治理主体要尽职负责。

责任性是善治的基本特征。责任性要求治理主体的自身行为对社会负责。它是善治的一个基本要求，责任性越大，善治的程度就越高[④]。微博参与社会治理中的责任性要求治理主体有何种权力就应承担何种责任；这

① 俞可平：《论政府创新的若干基本问题》，《文史》2005 年第 2 期。
② 梁莹：《治理、善治与法治》，《求实》2003 年第 2 期。
③ 李建兴：《善治：和谐社会的构建之道》，《南华大学学报》（社会科学版）2005 年第 5 期。
④ 丁宇：《论善治的基本诉求》，《江汉论坛》2009 年第 10 期。

就要求政府及其行政人员的微博行为对社会大众负责，同时对自己的行为负责，对自身微博中的失误承担相应的责任。民间组织和社会公众要对自己的微博言行负责，如果给他人造成伤害，或者给社会治理带来了负面的影响，必须承担相应的法律责任。